Schirner Verlag

SUSANNE HÜHN

Der IMAGO-Prozess

Veränderungen meistern

oder
von der ganz natürlichen Einsamkeit
einer Raupe im Kokon

Schirner Verlag

ISBN 978-3-8434-1270-4

Susanne Hühn:
Der Imago-Prozess
Veränderungen meistern oder
von der ganz natürlichen Einsamkeit
einer Raupe im Kokon

Umschlag: Murat Karaçay, Schirner,
unter Verwendung von # 374611705
(Aboard), # 158333918 (Max Krasnov)
und # 344317454 (Zaksheusk),
www.shutterstock.com
Layout: Simone Leikauf, Schirner
Lektorat: Claudia Simon, Schirner
Printed by: Ren Medien GmbH, Germany

www.schirner.com

1. Auflage November 2016

INHALT

Einleitung

Lieber Leser, magst du Veränderungen? Ja, natürlich, wenn du sie ersehnst, mit allen Mitteln herbeizuführen versuchst und ungeduldig auf das Ergebnis wartest. Und nein, natürlich nicht, wenn sie dich verletzen, dir etwas nehmen, was dir wichtig ist, dir gar etwas entreißen, ohne was du nicht leben kannst.
Das Leben – wir wissen es alle – ist ein steter Veränderungsprozess, das nennt man Evolution. Wir sollen loslassen, uns ausrichten, unsere Gedanken kontrollieren, uns eine Absicht geben, uns dem Fluss des Lebens hingeben usw. Manche Veränderungen dagegen sollen wir um fast jeden Preis verhindern, zum Beispiel faltig werden, dick, krank oder arm. Und doch, so unterschiedlich sich Veränderungen auch in unserem Leben auswirken, uns beglücken oder in eine Krise stürzen, sie alle haben etwas gemeinsam: Sie folgen dem gleichen Ablauf, dem sogenannten Imago-Prozess.
Wie das? Manche Dinge, vor allem deine lang angestrebten Lebenswegkorrekturen, scheinen sich ewig hinzuziehen, Unglücke dagegen tauchen wie aus dem Nichts auf.

Stelle dir einen Veränderungsprozess bitte einmal wie ein klassisches Musikstück vor, das aus einer gewissen Anzahl von Sätzen besteht. Das ist legitim, denn Veränderungsprozesse laufen nach einem bekannten Muster ab. Wenn du einen Veränderungsprozess ersehnst und alles dafür tust, dass sich die Dinge zum Guten entwickeln, initiierst du das Konzert, suchst dir die Musiker zusammen, probst mit ihnen und bist der Dirigent. Erwischt dich die Veränderung allerdings kalt, dann betrittst du den Konzertsaal erst gegen Ende, wenn das Finale mit einem Crescendo eingeleitet wird. In diesem Fall ist das Leben selbst der Dirigent, und das Stück läuft schon eine Weile ohne dein Wissen und ohne dein bewusstes Zutun.

Doch auch bewusste Veränderungen, die du mit großem Aufwand, viel Geduld und mentalem, emotionalem und auch finanziellem Einsatz vorantreibst und unterstützt, begannen mit einer zunächst unbemerkten nagenden Unzufriedenheit, einer Krankheit oder einem Ereignis, das dich zum Umdenken zwang. Es ist, als würde dich das Leben zu einem bestimmten Zeitpunkt in eine andere Richtung dirigieren, sanft oder abrupt, und du hast nur die Wahl, dich dagegenzustemmen oder mitzugehen. Doch es bereitet dich darauf vor. Manchmal blitzen unbemerkt Visionen auf, dir kommt ein kurzer Gedanke, ein unbewusster Schöpferimpuls. Du hast einen Traum, und dann vergisst du ihn wieder. Erst viel später, wenn sich diese Schöpfergedanken verwirklicht haben, erinnerst du dich daran, dass du doch schon einmal vor zehn Jahren oder als Kind …

Diese unbewussten Visionen haben noch nichts mit dem bewussten Gestalten deiner Wirklichkeit zu tun. Deine Seele, dein Schöpferplan, das Leben selbst geben dir eine Vorschau auf das, was sie für dich bereithalten – im Positiven, aber manchmal auch im Schmerzlichen. Je geübter du darin bist, Veränderungsprozesse früh zu erkennen, desto leichter kannst du dich darauf einstellen und den Widerstand dagegen sein lassen. Und je schneller du dich darauf einstellst, desto leichter kannst du entweder Gegenmaßnahmen ergreifen oder Pläne machen. Verstehst du? Wenn du spürst, etwas in dir braucht einen neuen Lebensraum, das Meer ruft dich, dann wirst du den Mietvertrag nicht unterschreiben, der dich für weitere zehn Jahre in deiner Zahnarztpraxis in einer Stadt weitab vom Meer festhält.

Wenn du weißt, du willst Kinder haben, weil du es tief in dir spürst, auch wenn die Zeit für dich noch längst nicht reif ist, dann wirst du es dir dreimal überlegen, ob du einen Mann heiratest, der ausdrücklich keine (mehr) will. Du wirst nicht hoffen, dass er sich ändert, sondern dich selbst ernst nehmen. Das geht aber nur, wenn du die Dynamik der Veränderung in dir erkennst und spürst, wie wichtig dir etwas sein wird. Das erfordert Achtsamkeit und Übung.

In dem Moment, in dem du beginnst, dich ausdrücklich und bewusst für deine Veränderung starkzumachen, ist die Veränderung schon längst im Gange ist.

Du magst dich fragen: Aber was ist denn dann mit dem freien Willen? Nun, die Fragen sind: Wie frei ist unser Wille tatsächlich? Und wie frei möchtest du ihn überhaupt haben? Ich erlebe mich selbst als Teil eines größeren Ganzen, das auf vielen Ebenen zugleich existiert und auf all diesen Ebenen einem bestimmten Plan folgt, dem ich zugestimmt habe. Das klingt erst einmal merkwürdig, wenn du dich nicht mit esoterischen Themen befasst und das vielleicht auch nicht willst. Und eventuell ergibt es für dich auch gar keinen Sinn. Bestimmt können wir uns aber darauf einigen: Du stehst am Ende einer langen Ahnenreihe. Diese Ahnen haben eine Menge durchlebt und dich dadurch geprägt. Womöglich glaubst du sogar an Reinkarnation und daran, dass es so etwas wie Seelenverträge gibt, oder an einen Fluss des Lebens, der dafür sorgt, dass du dich bestmöglich entfaltest. An das Letztgenannte darfst du ruhig glauben. Das Leben auf der Erde scheint bestrebt zu sein, sich immer komplexer zu organisieren. Es scheint auch, als gäbe es ein Interesse des Lebens daran, dass sich ein Bewusstsein entfaltet, dass das Leben sich selbst erfährt. Du bist ein Teil davon, und damit gibt es ein Interesse des Lebens auch an dir – daran, dass du zu deinem höchsten Potenzial erblühst. Dieses Potenzial ist bereits in dir angelegt. Es entwickelt sich, indem du deinen positiven Impulsen, allem, was dich anspornt, bewegt, dich beglückt und zum Leuchten bringt, Raum gibst. Aber auch alles, was dich ärgert und sogar verletzt, dient letztlich dazu, dass du Bewusstsein entwickelst, und sei es ein Bewusstsein dafür, welche Situationen du besser meidest, weil sie dir nachhaltig schaden.

Eine Raupe weiß das alles ganz genau, denn sie durchläuft diesen Imago-Transformationsprozess – vermutlich zwar unbewusst, aber deshalb nicht weniger dramatisch. Erlaube mir, dir ihren Weg zu schildern.

Stelle dir diese Raupe einmal vor. Sie tut fast nichts anderes, als zu fressen und zu wachsen. Warum tut sie das? Weil etwas in ihr bereits ahnt, dass sie in einiger Zeit keine Gelegenheit mehr zum Fressen haben wird. Von Beginn an steuert alles in ihrem Verhalten auf die Transformation zu, auch wenn sie selbst das vermutlich nicht weiß. Woher weiß ich, dass sie das nicht weiß? Weil sich nach einer bestimmten Zeit, wenn sie eine gewisse Reife erreicht hat, in ihrem Inneren sogenannte Imago-Zellen bilden. Das sind noch keine Schmetterlingszellen, sondern es ist eine Art Vorstufe, man könnte es auch poetisch »Zukunftsversion« nennen. Diese Imago-Zellen enthalten die Informationen des Schmetterlings, sind aber nicht identisch mit Schmetterlingszellen. Und was macht die Immunabwehr der Raupe? Sie zerstört sie! Erkennt die Raupe also, dass sie gerade eine unfassbare Chance erhält? Nein. Kann sie es verhindern? Nein. Denn bereits jetzt beginnt sich die Raupe zu verpuppen, auch wenn ihr Inneres die neuen Zellen als feindlich einstuft. Noch einmal: Sie verpuppt sich! Sie schafft sich einen sicheren Raum, verliert aber gleichzeitig den Kontakt zu ihren Raupenfreunden und zu ihrer Umwelt. Die neuen Zellen wachsen auch im Kokon immer wieder in ihr nach, und ihr Immunsystem wehrt sie weiterhin ab. Nun ist sie also allein in diesem geschützten Raum, und das Neue in ihr wird weiterhin bekämpft. Das fühlt sich bestimmt ziemlich einsam an, auch wenn die Raupe dieses Gefühl vielleicht nicht kennt. Doch die Imago-Zellen geben nicht auf, wachsen schneller, als die Immunabwehr sie zerstören kann, und es bilden sich sogenannte Cluster, Zellhaufen. Noch immer erkennt die Immunabwehr diese Zellhaufen nicht als zur Raupe gehörig und bekämpft sie. Doch nun verbinden sich einzelne Zellen zu Imago-Fäden. Diese Fäden vernetzen die Imago-Cluster miteinander, es entsteht also ein Netzwerk.

Und genau jetzt geschieht ein Wunder: Die Immunabwehr erkennt diese miteinander verbundenen Cluster, diese Zellhaufen, plötzlich als zu der Raupe gehörig, sie akzeptiert den Transformationsprozess und stoppt die Bekämpfung. Nun kann der Schmetterling in Ruhe heranreifen. Erinnern wir uns: Die Raupe hat wirklich nicht die leiseste Idee, was aus ihr wird, doch sie kann den Veränderungsprozess nicht stoppen. Die DNA ihrer Zellen weiß natürlich über den Schmetterling im tiefsten Inneren der Raupe Bescheid. Sogar die Immunabwehr bekämpft das wunderbare Neue, das nicht nur in ihr entstehen will, sondern in das sie sich mit Leib und Seele verwandelt. Nun wird sie also zum Schmetterling, doch der beschwerliche und einsame Weg ist noch nicht zu Ende. Denn der Schmetterling muss sich selbst aus dem Kokon herausschälen. Er braucht diesen einsamen Geburtsprozess, er gehört untrennbar zur Transformation dazu.
Und dann, wenn er es endlich geschafft hat, muss er den Mut in sich finden, seine Flügel zu öffnen und zu fliegen. Ist das nicht einfach großartig, was die Raupe/der Schmetterling leistet?!

Doch was hat dieser Prozess mit dir zu tun? Nun, wenn wir um die Einsamkeit wissen, um die Abwehrzellen, um den Widerstand, den die Raupe gegenüber ihrer eigenen Veränderung leistet, dann können wir daraus eine ganze Menge über unseren eigenen Weg lernen. Und wir können damit, dass wir zweifeln, hadern, uns einsam fühlen, aufgeben wollen, nicht den Mut finden, das Gelernte endlich umzusetzen, in Frieden kommen.
Ich möchte dich auf deinem Weg der Veränderung und der Umsetzung deiner Träume und Wünsche begleiten. Lasse mich im Kokon an deiner Seite sein, lasse mich dir Mut machen und dir versichern: Du bist nicht der Einzige, der das durchmacht, egal, worum es sich handelt. Ihr wisst nur nichts voneinander, so, wie die einzelnen Imago-Zellen nichts von der Existenz der anderen ahnen. Noch nicht.

STUFE EINS:

Die ersten Imago-Zellen

oder:

WAS IST DENN MIT MIR LOS?

Seit Wochen, Monaten oder gar Jahren jammerst du über das gleiche Thema, im Stillen oder offen. Dir passt etwas nicht, doch du beschwichtigst dich nach allen Regeln der Kunst. Du unterdrückst deine Gefühle, indem du dich ablenkst, sie dir ausredest, einfach nicht hinfühlst. Du bist tapfer, hältst deinen Unmut, ja, dein Unglück in einem oder mehreren Lebensbereichen in Schach. Du funktionierst, doch frei und glücklich bist du nicht. Das ist sowieso ein zu hoher Anspruch an das Leben, glaubst du, und du richtest dich in deinem ganz persönlichen Mangel ein.
Oder aber: Etwas passiert, was dich vollkommen aus der Bahn wirft, ein äußeres Ereignis zwingt dich, dich neu auszurichten. Du versuchst, weiterhin zu funktionieren wie bisher, doch etwas in dir zieht sich zurück und beginnt, sich zu verändern, unbemerkt, oft auch ungewollt.

Was passiert da? Und passiert da überhaupt etwas, oder ist das nicht vollkommen normal? Nun, das sind die ersten Anzeichen für einen anstehenden Veränderungsprozess. Sie gefallen dir sicher gar nicht: Es ist ebendiese Unzufriedenheit oder dieses Gefühl von unterschwelligem Unwohlsein. Etwas ist komisch, anders, du kannst nicht sagen, was, aber deine gewohnte Komfortzone funktioniert nicht mehr. Du ertappst dich immer öfter bei ketzerischen Gedanken, eventuell beginnt dein Körper, erste Anzeichen von Krankheit oder Schmerzen zu zeigen. Du unterdrückst deinen Groll, deinen Schmerz, du wetterst im Stillen, suchst nach Ausstiegsmöglichkeiten. Nach außen hin wirkst du wie immer. Doch die Raupe in dir will keine Raupe mehr sein, will nicht mehr auf althergebrachte Weise leben, worum auch immer es geht. Oft genug weiß man in diesem Stadium selbst nicht, was fehlt.

Das Typische für diesen ersten Transformationsabschnitt ist das Leugnen, das Abwehren der Gefühle und Ahnungen. So ein

Quatsch!, denkst du über das, was du auf einmal in dir wahrnimmst. Du verurteilst dich vielleicht sogar für deine neuen Ideen, Wünsche, Gefühle, Bedürfnisse. Die Immunabwehr der Raupe frisst die ersten Imago-Zellen, reagiert so, als wären sie eine Krankheit.
Das nennt man Resilienz. Es ist die gesunde, natürliche Widerstandsfähigkeit eines Systems gegenüber Veränderungen. Ohne Resilienz wären wir wie ein Blatt im Wind, könnten unsere Form nicht halten, weder körperlich noch emotional noch mental. Diese Resilienz sorgt dafür, dass Veränderungen zunächst am bewährten System abprallen. Das Gegenteil von Resilienz ist Verletzlichkeit. Eine hohe psychische Widerstandsfähigkeit ist eine wesentliche Eigenschaft, damit zum Beispiel Kinder auch in einem sozial schwierigen Umfeld einigermaßen stabil und gesund heranwachsen können.

Was ist diese Raupe in dir, deren Zellen neue Wege gehen? Das ist je nach Thema sehr unterschiedlich und in diesem Stadium auch noch nicht genau zu benennen. Es ist auf jeden Fall ein Teil in dir, der deine bisherige Art zu leben, die für andere Aspekte deines Selbst aber durchaus völlig in Ordnung, ja, sehr erfüllend und glücklich sein kann, nicht mehr erträgt.
Das macht es so schwierig. Denn es geht dir ja gut, du hast einiges von dem, was du wolltest, erreicht, vielleicht sogar Wesentliches. »Jammern auf hohem Niveau« nennen wir das, und es stimmt. Und dennoch. Da ist diese kleine Raupe in dir, die sich verpuppt, auch wenn du dein Gefühl der Unzufriedenheit schleunigst unterdrückst. Doch manchmal … Du bemerkst vielleicht, wie du einige frühere Angewohnheiten wieder aufnimmst. Du hörst dir vielleicht deine alten Platten oder CDs an, legst dir eine neue Frisur zu, kaufst einen neuen Lippenstift, verrückst deine Möbel, gestaltest den Garten um … Ich müsste mal wieder abnehmen, denkst du, oder du gibst ein paar nicht mehr passende Klamotten weg. All das ist gut. Denn egal, wo du anfängst, jede Neuordnung deiner Umgebung unterstützt deinen Veränderungsprozess. Du spürst in einigen Lebensbereichen Rückzugstendenzen, triffst bestimmte Freunde nicht mehr so gern oder kommst morgens nicht mehr aus dem Bett, wenn du ins Büro gehen sollst. »Ich weiß nicht, was mit mir los ist«, sagst du, und das stimmt. »Ich bin bald wieder der oder die Alte«, versprichst du vielleicht. Doch das stimmt nicht.

Etwas in dir verändert sich, doch es ist noch in keiner Weise sichtbar, in welche Richtung diese Veränderung gehen wird. Manchmal hast du eine Art Zukunftsvision, einen Traum. Oder du bist plötzlich neidisch auf andere, die dich bislang nicht einmal interessiert haben. Auch das ist gut. Dieser Neid zeigt einfach, dass etwas in dir aufmerksam wird. Neidisch zu sein bedeutet fast immer, dass die Raupe in dir einen Schmetterling entdeckt hat und die Imago-Zellen Meldung

machen und sich zeigen. Doch du bist noch in dem Stadium, in dem du all das verdrängst, leugnest und dich zusammenreißt. Du beginnst vielleicht, grüne Smoothies zu trinken oder mehr Sport zu machen, damit du dich fitter fühlst. Das funktioniert auch, hast du doch das Gefühl, dein Leben weiterhin unter Kontrolle zu halten.
Doch auch das Verpuppen deiner inneren Raupe gehört zu diesem Stadium. Etwas in dir schafft sich Raum, kapselt sich ab und beginnt, dich zu verändern. Du wirst nachdenklicher, beschäftigst dich auf einmal mit Ideen, die dich sonst nicht interessiert haben, die du sogar für albern hieltest. Vielleicht wirst du auch schneller aggressiv, bist genervt, unruhig. Für viele ist dieses Stadium der Beginn einer intensiven Bewusstseinstransformation. Du besuchst ein Seminar, liest ein Buch, vielleicht sogar ein spirituelles. Es kann aber auch sein, dass du den Motorradführerschein machen willst, aufhörst, Fleisch zu essen (oder damit anfängst!), oder dich auf einmal für Pferde interessierst.
Die Immunabwehr der Raupe, du erinnerst dich, erkennt diese neuen Zellen nicht als zu ihr gehörig an und vernichtet sie. Das tust du selbst, indem du an deinen zarten neuen Impulsen zweifelst, sie verurteilst, mit dir haderst. Doch auch deine Umgebung reagiert entsprechend abwehrend. Sie will mit dem, was in dir entsteht, nichts zu tun haben. Du fühlst dich auf einmal einsam, keiner scheint dich mehr zu verstehen.

Ein persönliches Beispiel:
Seit Jahren spürte ich, dass ich mich durch sehr viele Reisen, bei denen ich immer wieder Seminare an neuen Orten gab, überforderte. Ich war gestresst, weil Veranstalter hohe Anforderungen hatten und ich liefern musste – Inhalte und Seminarteilnehmer. Gestresst sein ist aber in meinem Beruf ein absolutes No-Go. Wenn ich nicht entspannt und erleuchtet durch die Gegend schwebe, wer denn dann? So suggerierte man es mir, und ich wusste zwar, dass das Unsinn ist, be-

diente aber die Anforderungen und verbarg meine Gefühle. Ich liebe das, was ich tue. Und ich bin ein Leistungskind, ich funktioniere. Ich lebe mit jeder Faser meine Berufung. Und so bekam ich beim Tun trotz der Umstände so viel Energie, dass ich dieser Überforderung nicht sonderlich viel Bedeutung beimaß. Ich nahm den inneren Anteil, der mir diese Überforderung signalisierte, natürlich wahr, hörte ihm zu, bemerkt aber lange Zeit nicht, wie ernst es ihm war – und dass er sich verpuppt hatte.

Was war passiert? Ich bemerkte eine Veränderung, da gab es einen inneren Widerstand, eine Trauer, doch das Ausmaß dieser Veränderung konnte ich in keiner Weise erfassen. Ich nahm sie auch nicht als Veränderung wahr. Diese leichte Unzufriedenheit, dieser Herzschmerz, die Atemnot, wenn ich einmal wieder die Haustür hinter mir zugemacht hatte und meine Katzen mir nachschauten (das tun sie tatsächlich), waren einfach der Preis, den ich dafür zahlte, dass ich meine Berufung lebte. Das geht jedem so, das ist Jammern auf höchstem Niveau, dachte ich. Und das stimmt ja auch. Stelle dich nicht so an, war ich versucht, mir selbst zu sagen, aber immerhin war ich einigermaßen mitfühlend mit dem Teil in mir, der nicht schon wieder Koffer packen wollte. Ich erlebte auf Messen oftmals Autoren, die mit Tränen in den Augen über ihre Tiere und natürlich über ihre Kinder sprachen, die sie schmerzlich vermissten, wenn sie unterwegs waren. So ist es eben, dachte ich mir. Finde eine Möglichkeit, das in dir aufzufangen. Und nein, zu viel zu essen ist damit nicht gemeint. So begann der Imago-Prozess in mir. Ich bemerkte die innere Spannung, war aber sehr weit davon entfernt, echte Veränderung anzustreben. Ich hätte auch nicht gewusst, wie, da doch meine ganze finanzielle Existenz daran hing, dass ich unterwegs war, mich auf Messen zeigte und an vielen Orten Seminare anbot.
Doch die Verpuppung begann, die Transformation war irreversibel.

Manche Falter bilden keinen festen Kokon, der sie vor Fressfeinden schützt, sondern lediglich eine dünne Puppenhaut, die schnell durchstoßen werden kann. Diese nur leicht verpuppten Raupen müssen Meister der Tarnung sein, damit sie nicht gefunden werden. Sie wissen eben um ihre immense Verletzlichkeit. Und auch das kennst du. Du bist dünnhäutig, kannst dich nicht gut schützen, hast keinen stabilen Rückzugsort, weder innen noch außen. Aber du tarnst dich. Das wirkt für andere vielleicht so, als suchtest du Ausreden, als versteckest du dich. Du könntest schon längst kreativ geworden sein, aber du musst zwei Kinder großziehen und hast deshalb zu viel Arbeit … Natürlich willst du diese unglückliche Ehe verlassen, wie es dir Freundinnen und Familienmitglieder immer wieder raten, doch das Geld, das gemeinsame Haus, die Kinder … Lasse dir nichts einreden. Lasse dich nicht drängen. Du bist noch nicht so weit, wenn du in diesem Stadium bist. Alles zu seiner Zeit. Tarne dich ruhig, indem du unentschlossen und, ja, auch irgendwie schwach wirkst. In dir arbeitet es, und dein Aus- oder Einstieg, je nachdem, wird vorbereitet. Vertraue dem inneren Prozess. Sie werden sich schon alle noch umgucken, wenn du so weit bist. Dann aber bist du wirklich bereit zu fliegen, und du weißt dann auch genau, wohin. Gerade wenn es um Trennung (oder auch darum, wieder ins Arbeitsleben einzusteigen) und um Kinder geht, kann es sehr wohl sein, dass du dich in eine Art Winterschlaf begibst, bis dir der innere Schmetterling deiner Kinder signalisiert, dass es weitergehen darf. Dann wartet der Schmetterling in dir auf die Kinder, weil du genau spürst, dass es katastrophale Folgen hätte, die Ehe jetzt zu verlassen oder durch deine Arbeit viel unterwegs zu sein. Für Kinder haben Scheidungen das fast immer. Aber manche Schäden lassen sich gut beheben und manche eben nicht.

Heißt das, dass jede Unzufriedenheit, jede Gereiztheit der Beginn von etwas Neuem ist? Natürlich nicht. Wenn sie aber anhält oder

immer wieder auftaucht, ist es sinnvoll, diese Möglichkeit zumindest in Betracht zu ziehen.
Diese erste Phase ist ziemlich unangenehm, da will ich dir gar nichts vormachen. Dass du dich nicht gut fühlst, gehört dazu. Etwas verändert sich in dir oder auch außen, du kannst es nicht kontrollieren, du kannst es auch nicht benennen, du spürst nur, dass deine gewohnte Sicherheit verschwindet. Da ist nur so ein nagendes Gefühl von Veränderung, das dir eventuell Angst macht. Selbst wenn es eine Veränderung ist, die du herbeisehnst und schon lange einleitest, kann dir das Verlassen der Komfortzone Angst machen. Klingt das paradox? Das ist es nicht.
Für diese erste Phase brauchst du Fähigkeiten, die für viele Menschen schwierig zu erlangen sind: Hingabe und Vertrauen.

»Vertrauen«, sagst du. »Was aber, wenn diese Veränderung in mir dafür sorgt, dass ich einsam und arm sein werde? Oder dass etwas anderes geschieht, was ich auf keinen Fall in meinem Leben haben will?« Genauso recht hast du, wenn du mir vorhältst: »Ich warte schon so lange auf eine Veränderung, und jetzt erwartest du, dass ich stillhalte? Ganz sicher nicht. Sage mir, was ich machen soll.«
Nun gut. Höre mich bitte freundlich seufzen, aber natürlich verstehe ich dich. Du willst Kontrolle haben in einem Prozess, der sich nicht kontrollieren lässt. Das Nichtkontrollieren ist für die Raupe okay, aber sie hat auch keinen freien Willen und bekommt nicht bewusst mit, was passiert. Zumindest unterstellen wir das einmal.
Können wir dennoch einen Moment über Hingabe und Vertrauen reden? Übungen folgen gleich im Anschluss.

Wie auch immer dein Veränderungsprozess aussieht, er ist vom Leben gewollt. Es ist immer ein gesunder Reifungsprozess, an dessen Ende ein Aspekt aus dem Kokon schlüpft, der bereits in dir angelegt war. Bevor es jedoch so weit ist, kannst du diesen Aspekt bestenfalls erahnen, aber mehr noch nicht. Man könnte sagen, da wirkt eine höhere Kraft, sei es einfach deine DNA oder, wenn du das Ganze spirituell sehen willst, deine Seele. Vielleicht auch beides. Weil dieser Prozess gewollt ist, wird er auch geführt. Vertraue dem Prozess, er weiß, was er tut, und er wurde schon sehr lange in dir und auch in deinem äußeren Leben vorbereitet. Heißt das, du sollst einfach alles geschehen lassen? Ja, in diesem Stadium schon. Aber nicht wie ein Opferlamm, sondern bewusst. Denn woher weißt du, dass nicht genau diese Hingabe nötig ist, eben das ist, was du lernen und üben sollst und darfst?
Was bedeutet Hingabe überhaupt, das ist doch wohl sehr nah am Opfersein angesiedelt, oder? Und war es nicht oft genug genau dieses Nichtstun, das dich in Schwierigkeiten gebracht hat? Nun, ich sage dir: Alles zu seiner Zeit. Nichtstun, wenn du einen klaren Handlungsimpuls spürst, ist genauso schädlich wie Aktion, obwohl Hingabe gefordert ist.
Hingabe bedeutet nichts anderes, als dass du deinen Impulsen folgst – den Impulsen nach Ruhe, nach Rückzug, nach Veränderung, nach Handlung, nach all dem, wozu es dich innerlich im Moment drängt. Du erlaubst der Veränderung in dir, stattzufinden, und gibst ihr innerlich Raum, erlaubst deinem Inneren, diesen Kokon zu spinnen. Du hörst bewusst auf, auf althergebrachte Weise zu funktionieren, und sagst Ja zu diesem Prozess der Veränderung, auch wenn du nicht weißt, wohin er dich führt. Du lässt dich mitnehmen und tragen, selbst wenn es ein wenig wackelig und schwankend wird.

Doch warum ist ebendiese Hingabe so schwierig? Weil es in dir nicht nur die gesunde Widerstandsfähigkeit gegenüber Veränderungen gibt, sondern auch ein unbewusstes Lebensrettungsprogramm, das oft übers Ziel hinausschießt: den sogenannten Schmerzvermeidungsinstinkt. Und der leugnet, dass überhaupt ein Prozess stattfindet.

Der Unterschied zur Resilienz? In der Resilienz bekommst du deine neuen Gedanken und Bedürfnisse oder auch deine Zipperlein mit, du spielst sie aber (noch) herunter, findest harmlose Erklärungen und projizierst die Gründe für dein verändertes Gesamtgefühl nach außen. Du akzeptierst das Unwohlsein und versuchst mehr oder weniger bewusst, irgendwie damit zu leben. Du hoffst, dass es irgendwann vorbeigeht, und schiebst das ungute Gefühl auf die Umstände. Und manchmal stimmt das ja auch.

In der Schmerzvermeidung dagegen streitest du komplett ab, dass du dich in irgendeiner Form anders fühlst, dass du eventuell unzufrieden bist, deine Komfortzone zu eng geworden ist. Etwas in dir tut so, als würdest du gar nicht bemerken, dass etwas nicht stimmt. Du suchst nicht nach Lösungen, sondern leugnest einfach völlig, dass du überhaupt eine Lösung brauchen könntest.

Die Schmerzvermeidung dient immer dazu, dir ein bestimmtes emotionales Niveau zu garantieren. Bestimmte Gefühle hält sie dir vom Leib, andere dagegen möchte sie im Zusammenspiel mit dem Belohnungszentrum dauerhaft erzeugen. Das ist auch sinnvoll, solange du ein Kind und deshalb nicht entscheidungsfähig bist, weil dein Leben von den dich versorgenden Personen abhängt. Doch als Erwachsener ist es nicht mehr sinnvoll, dich vom Belohnungs- und Schmerzvermeidungszentrum steuern zu lassen. Denn diese beiden sorgen dafür, dass du in den bekannten Bahnen bleibst, eben in dieser Komfortzone. Evolution aber geht anders.

Ein typisches Beispiel der Schmerzvermeidung:

Du bist es gewohnt, gute Arbeit zu leisten und auch einmal Überstunden zu machen. Doch irgendwann bekommst du das leise Gefühl, du wirst ausgenutzt, denn es scheint nie genug zu sein. Die

Überstunden werden zur Gewohnheit, sie werden nicht einmal angemessen honoriert. Du bekommst oft Kopfschmerzen, du jammerst und beschwerst dich bei deiner Familie. Nicht beim Chef. Beschwert sich die Familie dagegen bei dir, weil du regelmäßig so spät und so abgearbeitet heimkommst, beschwichtigst du sie. Es geht dir nicht gut, das sieht man dir an. Etwas in dir will sich zurückziehen, einen Prozess der Veränderung einleiten, und deine Freunde warten nur darauf, dass du endlich einmal auf den Tisch haust. Doch spricht man dich direkt auf deinen Kummer an, dann leugnest du ihn und wirst beinah wütend. »Nein, alles gut«, sagst du, oder: »Das ist nur vorübergehend, ich schaff das schon«, und ziehst dich zurück. Dass sich etwas ändern muss, ist für Außenstehende allerdings so offensichtlich, dass sie gar nicht darauf kommen, dass dir das nicht bewusst sein könnte. Du erschaffst dir einen Kokon, ja, aber einen, der diesem Prozess nicht dient, sondern ihn verhindert, einen Schutzwall gegen die Veränderung. Und doch kapselt sich auch die Raupe in dir ab, verpuppt sich unbemerkt und sorgt dafür, dass du eines Tages Nein sagen wirst. Du kommst um den Prozess nicht herum – ob du willst oder nicht.

In der Resilienz dagegen würdest du sagen: »Ja, ich weiß, da muss sich etwas ändern. Ich weiß aber noch nicht, wie und was, und es macht mir auch Angst. Ich bin noch nicht so weit, aber ich sehe das. Lasst mir einfach Zeit. Ich arbeite dran.«
Für Außenstehende klingt das oft wie eine Ausrede, und manchmal ist es auch eine. Aber meistens nicht. Du hast dann einfach ein gutes Gespür für den Reifungsprozess in deinem Inneren, der Zeit und Schutz braucht, und sowohl der Prozess selbst als auch du, also derjenige, der ihn durchmacht, dürfen Respekt erwarten. Beschleunigen kann man diesen Vorgang sowieso nicht.
Verstehst du? Du verleugnest nicht, dass du dich überfordert und ausgenutzt fühlst, weißt aber auch, dass heute nicht die Zeit zum Handeln ist, weil du weder weißt, was zu tun ist, noch, wie du mit

eventuellen Konsequenzen umgehen sollst. Du versuchst, die ungute Situation irgendwie auszuhalten, aber du unterdrückst nicht diese nagende innere Stimme. Du richtest dich im »Ich weiß es (noch!) nicht« ein, und das ist sehr gesund.
Der Schmetterling ist noch lange nicht herangereift, aber etwas in dir erkennt an, dass er unweigerlich kommen wird, auch wenn du dich innerlich noch dagegen wehrst.
Und auch, wenn du Angst vor der Veränderung hast, so bist du doch so bereit, wie es dir nur möglich ist, diese Veränderung zu meistern.

Natürlich gibt es auch eine dritte Variante: Du willst dich verändern, sagen wir, Englisch lernen. Es ist dir wirklich wichtig, glaubst du, und du gibst dein Bestes. Doch irgendwie fällt es dir sehr schwer, du vergisst immer wieder, zu lernen, hast keine Zeit, glaubst von dir selbst, dass du dich blockierst. Du hast tausend Ausreden, warum du gerade nicht lernen kannst, und fühlst dich schlecht damit. Nun – gehe einmal in dich, und schaue nach, ob sich der Teil in dir, der Englisch lernen will, überhaupt verpuppt hat. Vielleicht hat er das nicht, und dann ist es nicht wirklich wichtig. Natürlich kannst du dennoch Englisch lernen. Aber es ist kein unumkehrbarer Prozess, somit auch nicht wesentlich für dein Leben. Es wäre schön, aber mehr nicht. Entspanne dich also, und höre wieder auf damit, statt ständig Schuldgefühle zu haben, wenn es sich in dir nicht dringlich anfühlt. Du kennst den Unterschied, da bin ich mir sehr sicher.

Wie stark die Schmerzvermeidung dein Leben bestimmt, kannst du leicht erkennen:

- Bist du frei, deine Wahrheit zu sagen, auch wenn sie dir unangenehme Konsequenzen bescheren könnte, zum Beispiel bei anderen auf Ablehnung träfe?
- Kannst du aufhören, so dermaßen gut zu funktionieren, und weitaus mehr als bisher deinem inneren Rhythmus folgen?
- Kannst du deine Verweigerungshaltung in bestimmten Lebensbereichen aufgeben, weil du erkennst, dass du dich damit nur selbst blockierst?

Sagst du in allen drei Bereichen leicht »Ja, kann ich!« und meinst es so? Dann herzlichen Glückwunsch. Die meisten Menschen können das nicht und fechten ihre Kämpfe innerlich aus, um sich selbst in der Spur zu halten.

Woran erkennst du überhaupt, dass sich dein Leben ändern will? Da gibt es ein paar Anzeichen:

- Du bist mit deinen Gedanken überall, nur nicht da, wo sich dein Körper gerade befindet, und bei dem, was du gerade tust.
- Du grollst innerlich, bist ständig genervt.
- Dein Körper zeigt dir Symptome.
- Du versuchst, im Außen kleine Dinge zu verändern. Wenn es dir gelingt, hält die Befriedigung darüber jedoch nicht lange an.
- Du isst zu viel oder rauchst mehr als sonst.

- Du lenkst dich mehr als sonst mit unsinnigen Beschäftigungen von dir selbst ab.
- Du ertappst dich bei entschieden pessimistischen oder aggressiven Aussagen, die deutlich negativer sind, als es deiner Art entspricht.
- Wenn du in den Spiegel schaust, siehst du ein unglückliches, verkniffenes Gesicht.
- Du schmiedest Fluchtpläne.
- Du versuchst, das Verhalten der Menschen in deiner Umgebung zu kontrollieren, weil du dich an ihnen festhältst.
- Im ganz, ganz stillen Kämmerlein weißt du sehr genau, dass du auf diese Art nicht weiterleben kannst und willst.
- Du hoffst auf ein Wunder.
- Du projizierst deine Rettung auf ein zukünftiges Ereignis. »Wenn erst …«, sagst du.
- Etwas in dir sehnt sich nach sich selbst.
- Du hast immer wieder die gleichen nagende Gedanken, die du für negativ hältst.
- Und manchmal hast du das beängstigende Gefühl, durchzudrehen, verrückt zu werden und die Kontrolle über dich selbst zu verlieren.

Bestimmt zeigst du nicht alle diese Anzeichen. Einige aber vielleicht schon.
Warum ist es so schädlich, den beginnenden Imago-Prozess zu leugnen, dir also nicht einzugestehen, dass sich etwas in dir zu verändern beginnt, auch wenn du die Veränderung selbst noch abwehrst?

Weil du, wenn du deinen Veränderungsprozess nicht wahrhaben willst, die korrigierenden Schritte in deinem Leben nicht unternimmst. Die Raupe verpuppt sich. Der Anteil, der sich verändern will, heranreift, ist nicht greifbar. Aber der Rest von dir ist mit gefordert, denn du kannst, bildlich gesehen, das Feld bestellen und die Blumen aussäen, die der schlüpfende Schmetterling später bewohnt. Wie dieses Blumenfeld aussehen soll, was also nötig ist, damit dieser neue, gereifte Aspekt in dir leben kann, das spürst du, indem du deinen Impulsen folgst. Doch das geht eben nur, wenn du bereit bist, dich selbst wahrzunehmen.

Was passiert, wenn du die Blumen für den Schmetterling nicht aussäst? Dann fühlst du dich als Oper der Veränderungen, die unweigerlich auch im Außen geschehen werden.

Ein Beispiel:
Du spürst seit Jahren, dass du an deinem Arbeitsplatz nicht weiterkommst. Es macht dir keinen Spaß, dort zu arbeiten, und jeden Morgen würdest du am liebsten den Wecker gegen die Wand werfen. Im freiwilligen Imago-Prozess, in der Hingabe, schaust du nach Stellenangeboten, nimmst dein Unwohlsein wahr und programmierst dich innerlich auf einen guten Neubeginn. Der darf durchaus auch in einer Verbesserung vor Ort bestehen. In der Verweigerung, also in der Schmerzvermeidung, im Widerstand, grollst du. Jeden Tag unterdrückst du den Impuls zu kündigen und bist davon überzeugt, du findest sowieso nichts in deinem Alter, bei deinem Ausbildungsstand, der Lage auf dem Arbeitsmarkt …

Du bist oft krank, du hältst durch und aus, machst dich eng. Ich brauche das Geld und die Sicherheit, denkst du. Und dementsprechend handelst du auch, nämlich gar nicht.

Und was passiert? Entweder wird dir gekündigt, oder du wirst krank. Oft genug auch beides. Da du deinen gesamten Imago-Prozess leugnest, erkennst du nicht, dass es die Raupe mit ihrer Verpuppung ernst meint. Du fühlst dich als Opfer der Umstände. Dabei würde der entstehende Schmetterling, der heranreifende Anteil in dir, vielleicht gern im Ausland arbeiten oder sich selbstständig machen. Oder er würde einfach gern einen anderen Umgang mit den Kollegen pflegen, was die bestehende Arbeitsstelle möglicherweise zu einem guten Platz für dich machen würde.

Natürlich brauchst du das Geld und die Sicherheit. Aber die Raupe in dir braucht auch die Freude und das Gefühl, am richtigen Platz zu sein. Und das will der heranreifende Teil dir ermöglichen. Wenn du es ihm erlaubst.

Du wirst reifen, ob es dir gefällt oder nicht. Aber wie leicht das vonstatten geht und ob diese Reifung bereitwillig und harmonisch oder voller Widerstand gegen die Kurskorrekturen geschieht, das liegt an

dir. Auch das Ergebnis dieser Reifung kann sehr unterschiedlich ausfallen. Die Imago-Zellen sind noch nicht der Schmetterling!
Geplant ist, dass sie freiwillig geschieht. Denn das Wunder, auf das du wartest, geschieht ganz von allein in dir, wenn du ihm Raum gibst. Das klingt so einfach, aber so einfach funktioniert Evolution. Du brauchst dir nur selbst aus dem Weg zu gehen, die Kontrolle über dich selbst loszulassen und das Beste zu erwarten.
»Und wie mach ich das?«, fragst du. »Ganz einfach«, sage ich.
Nehmen wir zunächst einmal Kontakt zur Raupe auf.

Übung KONTAKT ZUR INNEREN RAUPE AUFNEHMEN

Technik: Der leere Stuhl

Dazu brauchst du zwei Stühle. Die stellst du bitte einander gegenüber. Stelle dir nun vor, auf dem einen sitzt du, auf dem anderen die sich in dir verpuppende Raupe, also der Anteil, der unweigerlich heranreift und dich verändern wird.
Nimm dir bitte etwas zu schreiben oder ein Aufnahmegerät.
Setze dich nun auf den Stuhl, den du für dich hingestellt hast. Nimm wahr, wie es dir hier geht, wenn du dir bewusst machst, dass der sich verpuppende Anteil auch da ist, dir gegenübersitzt. Und nein, dazu brauchst du nicht besonders feinfühlig zu sein.
Kannst du gut atmen, obwohl dir dieser Stuhl mit der gedachten Raupe gegenübersteht? Nimmst du ihn wahr, oder ignorierst du ihn, blendest ihn bewusst oder unbewusst aus? Sprich bitte alles, was du fühlst, in dein Diktiergerät, oder schreibe es auf. Bleibe so lange auf diesem Stuhl sitzen, bis du alles, was du hier wahrnehmen kannst, erfasst hast. Gib dir also ein bisschen Zeit und Raum.

Dann stehe auf, schüttle dich ein wenig, atme tief durch, und setze dich auf den Platz der Raupe. Die Raupe bist du auch, sie ist ein bestimmter Aspekt von dir.

Atme. Wie geht es dir hier? Sprich bitte laut aus oder schreibe auf, was du auf diesem Platz fühlst und vor allem, was du willst und brauchst. Zensiere dich nicht, sondern glaube dir, und lasse die Kontrolle über deine Gedanken und Gefühle los. Höre dir einfach zu, und schreibe auf, was du auf diesem Platz zu sagen hast, ohne dass du eine Lösung oder eine Antwort finden musst. Das klingt nicht so einfach, aber ich weiß, du kannst das. Wenn du es tust, ist es leichter, als es sich hier liest.

Es kann sehr wohl sein, dass du in diesem Stadium auf diesem Platz einfach die Augen schließen willst und spürst, dass du deine Ruhe brauchst. So ergeht es mir, wenn ich diese Übung mache, wenn etwas vollkommen Neues in mir entstehen will. Ich spüre, dass die sich verpuppende Raupe in mir nicht weiß, was sie braucht und wer sie ist, aber ein riesiges Schutzbedürfnis hat und das auch sagt. Das ist für diese Phase vollkommen ausreichend.

Wenn du alles gehört, aufgeschrieben oder gesagt hast, was die Raupe im Moment mitteilen will, dann setze dich bitte wieder auf deinen Platz. Wie geht es dir nun? Du brauchst noch keine Lösung zu haben, denke bitte daran, und entspanne dich. Es geht nur darum, dass du hörst, was die Raupe zu sagen hat, damit der Prozess in deinem Inneren nicht ungehört und ungesehen geschieht. Besonders, wenn du einen Prozess unbedingt haben willst, eine Veränderung herbeisehnst, ist es umso wichtiger, dass du erkennst, an welchem Punkt ihrer Reifung sich die Raupe befindet. Sie ist vielleicht einfach noch nicht so weit, wie du es gern hättest, und das ist beruhigend und hilfreich zu wissen. Denn so sehr du vielleicht auf eine Weise verhindern willst, dass sich etwas in dir verpuppt, so gerne würdest du vielleicht auch, wenn du ein bestimmtes Ergebnis ersehnst, diesen Schmetterling aus seinem Kokon herausreißen. So weit sind wir noch lange nicht, aber das macht nichts. Es genügt meistens, dass du erkennst, du bist auf dem Weg, die Reifung hat begonnen und wird unweigerlich zu einem Ergebnis führen.

Wenn du möchtest, kannst du jetzt mit der Raupe dir gegenüber in einen Dialog treten. Du kannst sie fragen: »Was brauchst du? Wie kann ich deinen Prozess unterstützen und fördern oder ihn zumindest nicht stören oder gar verhindern?«
Dann setze dich für die Antwort bitte wieder auf den Stuhl der Raupe. Vertraue dir auf diesem Platz. Die Raupe in dir weiß, was sie braucht, und weil sie ein Teil von dir ist, wirst du die Antwort auch in dir wahrnehmen. Vielleicht nur sehr leise, vielleicht fällt die Antwort auch ganz anders aus, als du es erwartest. Glaube dir bitte wieder, das ist die Herausforderung auf diesem Platz.

Befürchtest du, dir etwas schönzureden, oder bist du zu ungeduldig, dann rufe einen vertrauten Menschen hinzu, und bitte ihn, dich bei dieser Übung zu begleiten. Selbstverständlich könnt ihr, wenn ihr

mit Aufstellungsarbeit vertraut seid, auch füreinander arbeiten und diese Leere-Stuhl-Übung miteinander durchführen.
Wie geht das?

Da gibt es zwei Möglichkeiten:

1. Du setzt dich, wie in der Übung oben beschrieben, nacheinander auf beide Stühle, und dein Begleiter hilft dir dabei, dich selbst besser wahrzunehmen. Hilfreiche Fragen sind:

Wie geht es deinem Körper?
Was macht deine Atmung?
Welche Gedanken hast du auf diesem Platz?
Welche Gefühle?

Dein Helfer erinnert dich daran, ganz offen auszusprechen, was du wahrnimmst, ohne es zu hinterfragen und zu bewerten. Er ermutigt dich, auch das auszusprechen, was dir peinlich sein könnte oder Angst macht. Er sorgt dafür, dass die üblichen Vermeidungstaktiken nicht greifen. Wenn du die Übung allein machst, bemerkst du diese Vermeidungsstrategie vielleicht gar nicht, aber dein Helfer nimmt sie wahr und hilft dir über diese Hürde hinweg.
Als Helfer unterstützt du den Übenden durch deine Fragen dabei, sich selbst besser zu spüren. Du selbst hältst dich bitte mit Interpretationen und Anregungen oder gar Lösungsvorschlägen zurück.

2. Dein Helfer nimmt den Platz der Raupe ein.

Es kann sehr hilfreich sein, wenn ein neutraler Beobachter die sich verpuppende Raupe in dir spiegelt. Dazu setzt du dich auf deinen Platz. Dein (in Bezug auf systemische Aufstellungen geschulter und nicht interpretierender) Helfer setzt sich dir gegenüber, also auf den

Platz der sich verpuppenden Raupe. Nun kann dein Helfer alles aussprechen, was er hier wahrnimmt und spürt, er kann dir auch Fragen beantworten.

Der Vorteil der zweiten Variante ist, dass du ein sehr viel klareres Bild von dem bekommst, was da in dir heranreifen will. Der Nachteil ist, dass du es nicht selbst spürst und es deshalb womöglich nicht als Teil von dir anerkennst.
Natürlich könnt ihr auch einfach beide Varianten nutzen, dann habt ihr das ganze Paket.

Falls du die Übung alleine durchführst: Warum ist das Aufschreiben so wichtig? Weil diese beiden Plätze auf sehr unterschiedlichen Bewusstseinsebenen angesiedelt sein können. Und manchmal bekommt der eine Aspekt nicht mit, was der andere sagt. Dann wechselst du den Platz und weißt tatsächlich nicht mehr, was du vor einer Minute gesagt hast.

Bist du nicht sicher, ob du in einem Imago-Prozess bist, dann mache die Übung trotzdem. Wenn du rein gar nichts auf dem Platz der Raupe spürst, dann gibt es womöglich auch keine Raupe.

Falls du geführte Meditationen magst, dann ist hier eine innere Reise, die dich mit der Raupe in dir in Kontakt bringt.

Übung DIE RAUPE IN DIR KENNENLERNEN

Mache es dir bequem, schließe deine Augen, und lasse dir diese Reise vorlesen. Vielleicht siehst du auch schon Bilder oder hast Ahnungen, wenn du sie selbst liest.

Stelle dir bitte ein Tor vor, ein Tor zu einer anderen, inneren Welt. In dieser anderen, inneren Welt haben die Dinge eine tiefere Bedeutung, sind symbolhaft und zeigen dein unbewusstes, verborgenes Wissen. Weil du das weißt, darfst du dir erlauben, deine Ahnungen und inneren Bilder so stehen zu lassen, wie sie sich dir zeigen, und sie nicht sofort zu hinterfragen. Du darfst dir erlauben, dir selbst zu glauben.

Du gehst nun durch dieses Tor hindurch und betrittst eine zauberhafte innere Welt, eine Landschaft, in der du dich sicher und geborgen fühlst. Blumen blühen, die Bäume sind grün, alles in dieser Landschaft atmet Lebendigkeit und Sattheit. Du gehst spazieren, entspannst dich mehr und mehr und kannst dich gut darauf einlassen, dass auch Unerwartetes geschehen darf. In einiger Entfernung bemerkst du eine Bewegung, etwas schimmert zwischen den Blättern hindurch, und du gehst darauf zu.

Sei bitte vollkommen offen für das, was sich dir nun offenbaren will. Es kann sein, dass sich auf einmal eine Situation zeigt, dass du dich an etwas erinnerst, was nach Veränderung ruft. Möglicherweise zeigt sich dir eine Szene, die in der Zukunft spielt und in der die Veränderung bereits stattgefunden hat, eine Vision also. Auf jeden Fall aber wird dir klar, was gerade in dir geschieht, auch wenn du im Moment selbst nichts dazu beitragen kannst. Du erkennst, dass du heranreifst, dass sich ein Lebensbereich entwickeln will. Erlaube dir bitte selbst, nur Beobachter zu sein, es gibt nichts zu tun. Diese

Reifung geschieht von allein, du brauchst ihr nur Raum zu geben und ihr zu vertrauen. Nimm vor allem die Gefühlsqualität wahr, die sich dir zeigt, entweder die, die verändert werden will, oder die, in die du hineinreifst – je nachdem, was sich zeigt. Gib dem, was in dir geschieht, Raum, erlaube den Bildern und Gefühlen, sich zu entfalten, schalte in dir bitte ganz und gar auf »Empfangen« um.

Bitte jetzt darum, dass du einen geistigen Helfer für diesen Prozess zur Seite gestellt bekommst. Bitte also darum, dass sich dir ein Krafttier oder eine andere hilfreiche Wesenheit zeigt, die dich durch die Veränderung hindurch begleitet. Vielleicht ist es auch einfach ein Gefühl von Stabilität und Vertrauen, das dich auf einmal durchströmt.

Du erinnerst dich daran, dass das Leben ein Fluss ist, der von einer höheren Kraft geführt wird. Mal gefällt dir diese Führung, mal bringt sie dich in Schwierigkeiten. Doch immer darfst du dich ihr anvertrauen. Wie du diese Führung nennst, steht dir vollkommen frei, doch du darfst dich jetzt und hier entscheiden, dich ihr noch tiefer anzuvertrauen, als du das bis jetzt getan hast. Jede Veränderung ist ein Angebot des Lebens, dich noch tiefer auf es einzulassen, dich auch dann von ihm führen zu lassen, wenn du Angst hast vor dem, was auf dich wartet. So gib dem Leben einen Vertrauensvorschuss, gib ihm eine neue Chance.

Du entspannst dich noch tiefer, lässt dich vertrauensvoll fallen und fühlst dich noch mehr gehalten. Und auf einmal weißt du: Egal, welche Veränderung auf dich zukommt, du wirst sie meistern, weil du nicht allein bist. Du wirst von guten Kräften liebevoll getragen, darauf kannst du dich verlassen. Du brauchst es nur zu erlauben.

Nimm dieses Gefühl bewusst mit in deinen Alltag hinein, wenn du jetzt wieder durch dein Tor in den Raum zurückkehrst, in dem du dich befindest.

Je tief greifender und wichtiger die Veränderung, die gerade stattfindet, für dein Leben ist, je grundsätzlicher also, desto stärker ist deine innere Abwehrhaltung. Das ist zum großen Teil normal und gehört zum Prozess, doch einen kleinen Anteil kannst du selbst beitragen, damit sich die Raupe in dir entwickeln kann. Das ist sicherlich der schwierigste Teil. Ich habe es weiter oben schon gesagt: Tritt einen Schritt zur Seite, gib die Vermeidungshaltung auf, und lasse die Veränderung geschehen.

Wie meine ich das? Nun, du bekommst auf einmal gedankliche Impulse, Schnapsideen, wie du sie vielleicht nennst. Da rät dir eine innere Stimme plötzlich, einmal für ein paar Tage ans Meer zu fahren. Da gibt es ein Jobangebot in einem fremden Land. Da kommt das Gefühl in dir auf, dass dein ganzes Leben irgendwie in die falsche Richtung läuft, und du willst die Weichen ganz neu stellen.

Da du kein unbeschriebenes Blatt bist und sicher schon eine Menge durchgemacht hast, gibt es nicht nur den ganz normalen Widerstand gegen Veränderung, sondern auch den traumatisierten Anteil in dir, der erfahren hat, wie schmerzhaft, ja, wie katastrophal Veränderungen sein können. Dieses Problem hat die Raupe üblicherweise nicht, sie ist nicht traumatisiert. (Nun, vielleicht irre ich mich. Was weiß ich schon über die Traumen von Schmetterlingen. Möglicherweise ist sie im letzten Leben gerade eben als Schmetterling geschlüpft und genau, als sie losfliegen wollte, von einem Vogel gefressen worden. Dann wird sie sich gegen die Verpuppung wehren, wenn etwas in ihr das noch weiß.)

Du bekommst also schlichtweg Angst, meist sogar Existenzangst. Du stemmst dich mit allen Mitteln gegen die Veränderung, versuchst, sie im Keim zu ersticken. Das ist sehr verständlich, aber nicht hilfreich, denn sie kommt unweigerlich, friedlich oder mit etwas mehr Nachdruck.

Du musst eine ausdrückliche Entscheidung treffen, wenn du dein Leben aktiv mitgestalten willst. Dich gegen eine anstehende Veränderung zu wehren, ist ja auch eine Entscheidung, auch wenn du sie nicht bewusst getroffen hast, sondern deinem Schmerzvermeidungszentrum die Kontrolle über dein Leben gibst. Das Verrückte ist, dass sich viele Menschen auch dann gegen die Wellen der Veränderung stemmen, wenn sie sie herbeisehnen.

Was machen wir nun? Nun, für diesen Moment lassen wir einfach einmal alles, wie es ist, auch wenn du dich selbst sabotierst. Komme für diesen Moment in Frieden damit, dass du riesige Angst hast und dass das auch völlig okay ist. Lasse dich selbst in Ruhe, ja, du hast Angst, und ja, du darfst dich ausdrücklich gegen die Veränderung wehren. Etwas in dir hat allen Grund dazu, Angst zu haben, denn du bist oft genug verletzt oder im Stich gelassen worden. Du hast das, was auf dich wartet, noch nie erlebt.

Es ist neu, und du kannst nicht wissen, ob du die neue Situation meistern wirst. Wie die kleine, verpuppte Raupe sich beim besten Willen nicht vorstellen kann, wie sie jemals fliegen soll. Das Neue ist ja noch gar nicht da. Du spürst vielleicht, dass die anstehende Veränderung auch schmerzhafte Aspekte haben wird, die du nicht vermeiden kannst. Es ist nur allzu normal, dass du dich jetzt nicht aus deiner Komfortzone hinaustraust. Dein Verstand wird versuchen, Vergleiche anzustellen, herauszufinden, in welchen inneren Schubladen er seine Erfahrungen mit Veränderungen findet. Sicherlich gibt es da welche, und sicherlich endeten sie zum Teil schmerzlich. Doch das ist jetzt eine andere Zeit, du hast dazugelernt. Du selbst bist anders, und deine Umgebung ist es auch. Sage das bitte deinem vergleichenden Verstand. Das wird er verstehen.

Aber weißt du was? Manchmal ist die Zeit einfach noch nicht reif. Dann unterstützt deine Angst schlichtweg die gesunde Weigerung, dich selbst zu früh auf neues Terrain zu begeben, und sei es auch nur mental oder emotional.
Erlaube dir, Angst zu haben, unterdrücke sie nicht, auch wenn sich das nicht gut anfühlt. Manchmal, wenn du im Vertrauen bist, spürst du diesen Frieden in dir, einfach so, als Geschenk. Doch respektiere bitte deine schmerzlichen Erfahrungen, und lerne, dich in deiner Angst selbst zu halten. Du brauchst sie nicht wegzutherapieren, wegzuatmen oder durch Affirmationen zu unterdrücken. Alles, was dir guttut, kannst du selbstverständlich machen. Doch in diesem Schritt geht es darum, zumindest bereit zu werden, in Frieden damit zu kommen, dass du eben Angst hast.
Wie macht man das? Diese Erfahrung wartet im nächsten Stadium auf dich.

»Aber Susanne! Alles schön und gut, sehr süß, Raupen und Schmetterlinge«, sagst du. »Was aber, wenn ich die Verpuppung bei jemandem sehe oder gar ersehne, der seine Veränderung blockiert? Was, wenn ich sehe, wie mein Partner, eine Freundin oder meine Mutter seine oder ihre eigene Entwicklung sabotiert, indem er oder sie schlichtweg vor ihr davonrennt? Wie gehe ich damit um, dass ich schon so lange auf diesen Schmetterling warte, der nicht schlüpfen will? Kann ich nicht ein bisschen am Kokon zupfen?«
»Nein«, sage ich dir. »Warum? Weil du nicht wissen kannst, welcher Schmetterling da schlüpfen will. Und schon gar nicht, wann. Du hast eine Idee über ihn, aber das ist eine Hoffnung, dein Imago, wenn du es so willst. Lasse die Raupe, wo sie ist, egal, ob dein Gegenüber den Prozess überhaupt anerkennen will oder nicht. Sein Prozess ist auch deiner. Was entwickelst du in dir, während du wartest?«
»Groll«, sagst du.

»Und ein bisschen Mitgefühl, hoffe ich …«, antworte ich. »Und zwar mit dir selbst!«

Wenn du darunter leidest, dass ein anderer so lange für seinen Weg braucht oder ihn erst gar nicht geht, dann ist das eine sehr unbefriedigende Situation. Das brauchen wir gar nicht zu beschönigen. Und so oft du schon »Das ist ein Spiegel für dich« gehört hast, so sehr verfluchst du unterdessen diesen Satz, auch wenn er oft genug stimmt.

Höre auf, dich nach dem Prozess oder auch Nichtprozess des anderen zu richten, und nimm deine eigenen Impulse wahr. Das ist so einfach und doch so schwer. Denn natürlich hast du Angst vor dem, was geschieht, wenn du deinem Impuls folgst. Es kann sein, dass du tief in deinem Bauch fühlst: Alles ist gut, bleibe ruhig, alles ist auf dem Weg. Entspanne dich, und kümmere dich um deine Angelegenheiten. Dann nimm den Druck raus, das wird schon. Vielleicht aber spürst du auch: Den Schmetterling, den du dir ersehnst, wirst du nie kennenlernen. Er wird sich entfalten, aber anders, als du es dir erhoffst. Das ist besonders dann wichtig, wenn die Erfüllung eines Lebenszieles, wie zum Beispiel die Elternschaft, von einem Partner abhängt, der Nein sagt, aber deiner Meinung nach einfach noch nicht so weit ist.

Manchmal stimmt das. Aber nur, wenn du es tief im Bauch so fühlst und wenn der andere das auch ausdrücklich bestätigt. Hoffe bitte nie auf den Schmetterling, wenn du eine Raupe kennenlernst, also jemanden, der mitten in einer Entwicklungsphase steckt und sich gerade selbst findet. Diese Phase dauert manchmal ein ganzes Leben lang. Und manchmal bleiben Traumpartner eben Raupen.

Doch ernsthaft: Wie gehst du damit um, wenn ein anderer festzustecken scheint und damit deine Pläne, Wünsche, ja, deinen Weg blockiert? Das kann dein Wunsch nach einer besseren Beziehung mit deiner Mutter, nach mehr Frieden in der Familie, nach Anerkennung oder was auch immer sein. »Wenn er doch nur einsehen könnte …«, sagst du. »Wenn sie doch einmal die Kontrolle losließe …«

Erkenne bitte, was das Verhalten des anderen für dich selbst bedeutet und auf welche Weise es dich einschränkt, denn nur daran kannst du etwas ändern, niemals am anderen. Du darfst allerdings, wenn es um für dich wesentliche Lebensbereiche geht, eine klare Antwort fordern, sogar ein bestimmtes Verhalten. Du hast ein Recht darauf, nicht ausgenutzt und nicht in ewiger Warteposition auf bessere Zeiten ruhiggestellt zu werden. Nimm das Leben an der Stelle, an der du deine Selbstbestimmung aufgegeben hast, zu gegebener Zeit wieder in die eigenen Hände. Das klingt sehr nach Coaching-Gerede, nach »Los, du kannst das, ich traue dir das zu!«. Aber es stimmt.

Ein Beispiel:
Eine Klientin beklagte sich seit Jahren darüber, dass sie mit ihrem Partner in einem sehr, sehr kleinen Haus wohnte. Sie hatten nicht einmal ein Wohnzimmer, sondern machten es sich abends im Eingangsbereich gemütlich. Die beiden Kinder des Partners kamen an jedem zweiten Wochenende zu Besuch. Sie hatten ein eigenes Zimmer. Meine Klientin arbeitete zu Hause, leitete eine Agentur, das tat sie am ebenfalls viel zu kleinen Küchentisch. Das winzige Haus gehörte dem Partner, außerdem gab es das große Familienhaus, in dem seine Exfrau mit den Kindern wohnte. Auch dieses Haus gehörte ihm. Seit sich seine Frau von ihm getrennt hatte, hoffte er, dass die Kinder irgendwann doch bei ihm leben wollten und er zu ihnen in das große Haus zurückkehren konnte. Das kleine Haus, das er seit sieben Jahren mit seiner neuen Partnerin bewohnte, diente nur als Übergangslösung. Mittlerweile waren beide Kinder fast zwanzig Jahre alt. Die Scheidung war achtzehn Jahre her. Dazu kam, dass meine Klientin ihrem Partner ins Ausland gefolgt war, sie lebte nun also in einem fremden Land.
Immer wieder suchte sie nach Lösungen, aber ihr Partner wollte um keinen Preis aus dem wirklich viel zu kleinen Haus ausziehen und etwas Neues suchen, das für beide und die Kinder passend gewesen wäre. Ein angemessen großes Haus zu suchen, hätte für ihn bedeutet, die traumatische Trennung von den Kindern, die er nie verkraftet hatte, anzuerkennen und weiterzugehen. Das konnte er nicht, er verharrte in seiner Übergangslösung und wartete darauf, dass alles wieder gut werden würde. Meine Klientin verstand das. Sie sorgte gut für sich, kam alle paar Monate nach Deutschland, tankte Kraft, verzweifelte an der Situation, besann sich dann und fand ihre Mitte wieder, arbeitete an sich, erkannte ihre eigenen Themen und war voller Mitgefühl für ihn und auch für sich selbst. Immer wieder dachte sie darüber nach, sich eine eigene kleine Wohnung zu nehmen, in der sie ungestört arbeiten konnte und mit ihm gemüt-

liche Kuschelabende verbringen konnte. Sie tat es nicht, weil er das als Auszug verstanden hätte, was seine alte Wunde hätte aufreißen lassen. Auch er ging zu Seminaren, ging seinen Weg des Bewusstseins, doch es änderte sich nichts im Außen. Es war, als versande das Erkannte immer wieder, wenn er in diesem viel zu kleinen Haus war, als hätte ihn das Trauma fest im Griff. Und so war es auch. Doch irgendwann kam der Tag, an dem es wirklich nicht mehr ging. Eine Kleinigkeit löste einen emotionalen Tsunami in meiner Klientin aus. Er hatte ein paar schwere Kisten im sowieso schon mehr als beengten Wohnzimmerflur stehen lassen und sie auch nach mehrmaligem Bitten nicht weggeräumt.

Sie fühlte sich wie vor den Kopf geschlagen, versuchte sie doch in liebevoller Hingabe, das winzige Haus ordentlich und gemütlich zu halten. Sie liebte ihn wirklich und sah viel gemeinsames Potenzial. Die Kisten füllten den Flur komplett aus, und da riss ihr der Geduldsfaden.

Sie entschied, dass sie nun keine Rücksicht mehr auf seine Ängste nehmen und ihren Weg weitergehen würde. Nicht aus Ärger oder Groll, sondern weil sie spürte, dass ihr gemeinsamer Weg nun ihr Handeln erforderte. Damit er aus seiner Starre erwachen konnte, musste sie ihren Weg weitergehen, ob mit oder ohne ihn. Sie hatte keine Garantie dafür, dass ihre Entscheidung, sich ein kleines Studio anzumieten, die Beziehung verbessern würde, im Gegenteil, es konnte genauso gut sein, dass er sie nun verlassen würde. Doch das musste sie riskieren, damit das Leben weiterging. So schwer es ihr auch fiel.

Und darum geht es. Irgendwann kommst du an den Punkt, wo du spürst, wenn du jetzt nicht handelst und deinem schon lange drängenden Impuls folgst, auch wenn er dich und den anderen in Nöte bringen kann, dann erstarrt der Lebensfluss. Da der Lebensfluss aber nicht auf die Dauer erstarren kann, wird sich das Leben Bahn brechen. Handelst du nicht, dann eben ungeplant, chaotisch und meistens sehr viel schmerzlicher, als es nötig wäre. Wenn du also spürst, dein Gegenüber, sei es Mutter, Freund oder Partnerin, steckt in einer Sackgasse fest, und du erträgst die Auswirkungen auf dein Leben nicht mehr, dann gehe ohne ihn weiter. Das ist seine Chance. Manchmal dient die eigene Befreiung der Befreiung anderer, ja, oft genug ist derjenige, der den Weg vorausgeht, auch wenn es wehtut, derjenige, der Bewegung und Entfaltung überhaupt erst ermöglicht. Das funktioniert natürlich nur, wenn die Raupe im anderen zum Schmetterling herangereift ist. Auch im Märchen von Dornröschen sterben alle Prinzen, die sich zur schlafenden Prinzessin hindurchkämpfen wollen, in der Dornenhecke. Als die hundert Jahre vorbei sind, öffnet sich diese plötzlich ganz von allein. Niemand konnte, aber auch niemand musste sich hindurchkämpfen. Der Prinz war einfach zum richtigen Zeitpunkt am richtigen Ort. Sich durch die Dornenhecke bzw. den Kokon hindurchkämpfen funktioniert nicht, weder durch deinen eigenen noch durch den eines anderen.

Wenn der andere bereit ist zu schlüpfen, dann bekommst du diesen klaren, eindeutigen Impuls, zu handeln. Manchmal bekommst du ihn auch, wenn er nicht bereit ist. Dann musst du dennoch gehen, sonst stirbt etwas in dir selbst ab.

Was das in Bezug auf deine Situation heißt, weiß ich natürlich nicht. Aber wenn du tief in dein Herz hineinspürst und dann auch noch auf dein Bauchgefühl hörst, dann weißt du, welcher Schritt ansteht. Ist die Zeit reif, dann zögere nicht länger, ihn zu gehen. Dein Schritt vom anderen weg könnte der eine entscheidende Impuls, ja, die Rettung für den anderen sein.

Die Werkzeuge, die dir bei dieser ersten Imago-Stufe helfen, hier noch einmal im Überblick:

- Erkenne an, dass du dich in einem tief greifenden Prozess befindest, dessen Auswirkungen du noch nicht überschauen kannst.
- Erkenne an, dass du aus sehr verständlichen Gründen Angst vor diesem Prozess hast.
- Erinnere dich daran, dass dieser Prozess untrennbar zu deinem Leben gehört und deiner Heranreifung dient.
- Nimm Kontakt zu der inneren Raupe auf, damit du sie kennenlernst und ihr geben kannst, was sie braucht.
- Rufe dir einen geistigen Helfer herbei, der dich durch diesen Prozess begleitet.
- Finde den Mut, deinen Weg zu gehen, wenn du einen Handlungsimpuls verspürst.
- Finde aber genauso den Mut, zu verharren, wenn du keinen Handlungsimpuls bekommst.

Die Imago-Zellen verklumpen sich zu Clustern

oder:

MACHE DIR NICHTS DRAUS, ES WIRD NICHT BESSER!

:-)

Hast du bis jetzt noch eine Chance gehabt, so zu tun, als wäre nichts, so hört das jetzt auf. Die Veränderung in dir, auch wenn sie in keiner Weise nach außen hin sichtbar ist, fordert ihren Tribut. Die verpuppte Raupe wird spürbar.

In der verpuppten Raupe bilden sich Zellhaufen aus Imago-Zellen, doch die Immunabwehr frisst diese auch weiterhin. Der Druck in dir wird größer. Du fühlst dich oftmals einsam, anders als alle anderen. Du hast ein ungeheures Ruhebedürfnis, egal, ob dein Alltag dir den Raum dafür lässt oder nicht. Je verplanter dein Tag ist, desto mehr fühlst du dich ausgeliefert, wirst vielleicht sogar krank, damit du die nötige Ruhe bekommst. Alte Freundschaften funktionieren nicht mehr, ohne dass du weißt, warum. Dein Arbeitsplatz, vieles von dem, was du normalerweise so tust, und andere Menschen gehen dir schnell auf die Nerven, doch am meisten nervst du dich selbst. Du brauchst viel Zeit für dich, oder du lenkst dich noch mehr ab. Du kannst kaum noch verleugnen, dass es in dir einen Prozess gibt, und er zieht dir beinahe den Boden unter den Füßen weg. Du fürchtest die Konsequenzen der Veränderung in dir, bist noch lange nicht an dem Punkt, an dem du sie aktiv unterstützen oder mitgestalten kannst. Gleichzeitig sehnst du dich immer stärker nach einem anderen Leben, etwas in dir weiß ganz genau, dass du in bestimmten Lebensbereichen in eine Sackgasse geraten bist.

Ich habe dir bislang einen Aspekt des Imago-Prozesses vorenthalten: Wenn sich die Imago-Zellen bilden, dann beginnen Enzyme in der Raupe, ihre Raupenstruktur aufzulösen. Es ist also absolut kein Wunder, dass du große Angst hast, du könntest dich völlig verlieren. Die neuen Imago-Zellen werden von der Immunabwehr bekämpft, während die alten Raupenzellen zersetzt werden. Das muss man sich einmal vorstellen: Die Raupe zerfällt im Kokon (natürlich nicht komplett, sonst würde sie ja nicht überleben), den Imago-Zellen aber wird noch verwehrt, das Neue aufzubauen.

Wie sollte man denn da keine Angst haben?

Weil du noch nicht erkennst, dass du dich auf deine Entfaltung, deine partielle Neugeburt, verlassen kannst, gerätst du in eine Existenzkrise. Das gehört zu jedem tief greifenden Reifungsprozess dazu, selbst wenn du ihn ersehnst. Zu alledem kommt hinzu, dass deine Energie durch deine Abwehrhaltung gegenüber dem gesamten Prozess gebunden ist. Je mehr Imago-Zellen es gibt, desto härter arbeitet das Immunsystem der Raupe, und das kostet sehr viel Kraft. Die Raupe ist verpuppt, sie muss sich um nichts kümmern, du aber schon. Und so wird es nun wirklich anstrengend. Du bist mitten im Prozess, und irgendwie weißt du das auch, selbst wenn du es verleugnest. Du musst aber in den meisten Fällen dennoch deinen Alltag meistern. Du hast Verantwortung für Kinder, für Tiere, für dein Haus, im Beruf usw. Du fühlst dich schnell überfordert und sehnst dich nach deinem Elfenbeinturm.
Triff jetzt bitte keine weitreichenden Entscheidungen, du bist noch nicht so weit. Das wäre nur ein Versuch, den Druck loszuwerden. Doch der Druck gehört einfach zum Prozess. Wenn du dir ein paar Tage Auszeit nehmen kannst, umso besser, aber sie wird dir nicht viel Klarheit bringen.
Was passiert da in dir? Der Prozess der Raupe ist irreversibel, unumkehrbar. Und das darf dich im höchsten Maße beruhigen. Dieser Reifungsprozess, diese tief greifende Veränderung, ist sogar im Horoskop sichtbar, das bedeutet, er ist definitiv Teil deines Lebensweges. Du kannst diesen Prozess nicht verhindern, also kannst du dich entspannen! Es gibt in Bezug auf das, was in dir neu geboren werden will, nichts zu tun, immer noch nicht. Das ist gut. Denn du

kannst deshalb auch nichts falsch machen, du brauchst den Prozess nicht bewusst anzuschieben oder ausdrücklich zu unterstützen.

Und doch bekommst du stärkere Impulse, dein Leben auch im Außen zu verändern: der Kokon verschafft sich Raum.
Du willst bestimmte Menschen nicht mehr sehen. Du beginnst mit einer Sportart. Möglicherweise rauchst du auf einmal viel mehr, oder eine andere lästige Angewohnheit, wenn nicht gar eine Sucht, wird präsenter als bisher. Du gibst Widerworte, du lässt nicht mehr alles mit dir machen. Du beginnst vielleicht, dich mit dir selbst und deinen Emotionen und mentalen Glaubenssystemen zu befassen. Du funktionierst nicht mehr auf die gewohnte Weise. Das kann sehr schnell gehen oder Jahre dauern, je nachdem, was in dir heranreift. Es gibt dafür keine allgemeingültige Zeitspanne, manche Schmetterlinge in dir brauchen dein ganzes Leben lang, um zu reifen.
Ein wenig kennst du diesen Prozess bereits, hast du doch wie die Raupe, bevor sie sich verpuppte, schon die eine oder andere zu eng gewordene Haut abgeworfen. Doch auch wenn dir eine alte Haut zu eng geworden war, so verändertest du dich doch nur wenig. Du wurdest einfach größer und sichtbarer mit dem, was dich ausmacht und was dir wichtig ist. Nun aber steht dir eine echte Transformation bevor.

Was hilft dir jetzt? Glaube dir. Nimm dir Zeit. Ja, das schreibt sich leicht, du hast völlig recht. Ich kenne diese innere Not, diese immense Spannung sehr gut. Als ich noch als Physiotherapeutin gearbeitet habe, hatte ich manchmal zwanzig, fünfundzwanzig Menschen am Tag, die Hilfe von mir wollten. Ich hatte pro Patienten zwanzig Minuten Zeit. Das ist wirklich wenig, und du musst ziemlich gut organisiert sein, um nicht in Verzug zu geraten. Nun, ich war es. Aber in mir schrie die Raupe nach Rückzug, nach einer Auszeit, so laut, dass ich in ein Burn-out geriet. Da wollte sich ein Kokon bilden.

Und wenn er das will, dann passiert das auch. Du kannst diesen Prozess nicht aufhalten. Deshalb tust du gut daran, dich selbst zu unterstützen. Und ja, du weißt noch nicht, wohin all diese inneren Prozesse führen, und das macht dir zunehmend Angst. Du kennst vielleicht einige Techniken, mit denen du in die Zukunft schauen kannst, und die darfst du auch nutzen. Es hülfe der Raupe sicher sehr, wenn sie ein Bild von einem Schmetterling in ihrem Kokon hätte, eine Zukunftsvision, an der sie sich festhalten und auf die sie aktiv hinsteuern könnte.
Die meisten Menschen kämpfen in diesem Stadium aber noch gegen die Veränderung an. Und nicht nur sie selbst, auch die Menschen in ihrer Umgebung werden aufmerksam. Es ist, als erahnten die anderen die Raupe in dir, als schimmerte ihr Kokon durch dich hindurch. Und als bedrohe er sie.
Ist jetzt schon die Zeit für ein inneres Bild, mit dem du die Imago-Zellen in dir erkennen, gar in ihrer Entfaltung unterstützen kannst? Nein. Noch zu vage, zu ungenau ist die Veränderung. Und oft genug ist dieser zukünftige Schmetterling in dir die Änderung einer inneren Haltung, also ein Bewusstwerdungsprozess, und keine echte äußere Veränderung. Diese ist dann oft die Folge des Heranreifens, aber nich das Ziel.

Du darfst aber sehr gern Affirmationen nutzen:

Leicht und einfach öffne ich mich der Veränderung.
Ich vertraue mich dem Wandel in mir an.
Der Wandel in mir findet mühelos und zum Besten aller statt.
Ich bin voller Vertrauen auf das Neue in mir.
Das Leben findet durch mich immer neue, wundervolle Möglichkeiten, sich auszudrücken.
Leicht und einfach entfaltet sich das blühende Leben durch mich.

Innere Bilder, die dich ausrichten, sind im Moment nicht hilfreich, sondern begrenzen dich eher. Aber natürlich kann es sehr hilfreich sein, dir einfach einen zauberhaften Schmetterling vorzustellen, der glücklich und frei über eine blühende Wiese tanzt, als Sinnbild für die Leichtigkeit deiner Veränderung. Alles, was dir ein ruhiges, freudiges und sicheres Gefühl gibt, kannst du für dich nutzen.

Du spürst eher, was du im Moment brauchst und was dir gerade nicht guttut, als dass du bereits jetzt erkennen könntest, wohin du dich entwickelst. Vermutlich gibt es das, wohin du dich entfaltest, bisher noch gar nicht! Und doch gibt es Zukunftsimpulse, Bilderfetzen: hier ein Geschäft mit einer zauberhaften Dekoration, dort eine Mutter mit ihrem Kind, da eine Information zu einem für dich wichtigen Thema, ein Infostand von Tierschützern in der Innenstadt … Das will ich auch, denkst du, doch du spürst auch, nein, ganz so stimmt es nicht. Es ist vielleicht eher das Gefühl oder ein Aspekt, der für dich wichtig ist. Gib dir Zeit. Im Moment brauchst du das noch nicht zu wissen. Lasse dein Inneres Bilder und Impulse sammeln, ungeordnet, unreflektiert, unzensiert. Die Veränderung ist in dir angelegt, sie ist verabredet, wenn du es so willst. Du darfst ihr vertrauen, sie weiß, was sie tut. Die Imago-Zellen entstehen nicht einfach so, unwillkürlich, sondern zu einem ganz bestimmten, unveränderlichen Zeitpunkt in deinem Leben. Vertraue ihnen.

Denn noch etwas weiß die neuere Forschung von Norie Huddle und ihrem Team über diesen Prozess: Die Imago-Zellen werden von der Immunabwehr gefressen, zerstört. Sie bilden sich nach, das weißt du schon. Doch jetzt passe auf: Die sich nachbildenden Zellen können etwas, was die ersten nicht konnten: Sie infizieren die Immunzellen! Sie impfen die Zellen mit ihrer DNA, wie das Viren tun. Ist das nicht einfach unfassbar? Die Imago-Zellen drehen ihre Fressfeinde um, und je mehr die Immunabwehr sich gegen die erste Generation der Imago-Zellen wehrt, desto schneller bilden sich jene Imago-Zellen der zweiten Generation nach, die diese Immunzellen zerstören! Was für ein Drama sich da im Inneren des Kokons abspielt! Diese Imago-Zellen enthalten bereits alle zukünftigen Informationen über den Schmetterling, ohne selbst Schmetterlingszellen zu sein.

Das bedeutet für dich:
Das, wozu du dich entfaltest, ist als Idee, als Matrix in dir angelegt. Aber es ist noch nicht abrufbar, nicht greifbar. Gleichzeitig werden deine alte Struktur und deine Sichtweisen abgebaut, die äußeren Umstände ändern sich, du kannst dich nicht an dem Gewohnten festhalten. Dieser Prozess zieht dir förmlich den Boden unter den Füßen weg, und genau dieses Gefühl ist unvermeidbarer Teil des Prozesses. Es gibt keinen Weg mehr zurück. Das Alte ist bereits in Auflösung begriffen. Etwas in dir weiß das. Deshalb sind Sätze wie »Was hast du denn zu verlieren? Probiere das Neue doch einfach einmal aus, wenn es nicht klappt, kannst du ja in das Bestehende zurückkehren« oft nicht hilfreich, weil du weißt, dass das eben nicht stimmt. Das Alte gibt es nicht mehr, die Brücken hinter dir sind abgebrochen.

»Soll mir das irgendwie helfen, wenn du mir Angst machst?«, fragst du mich jetzt vielleicht. Ja. Weil diese Angst unweigerlich kommt, weil sich etwas in dir verabschiedet, auflöst, während das Neue nur als Idee, als Zukunftsmöglichkeit in dir angelegt ist. Zu wissen, dass diese Angst im Moment vollkommen normal ist, soll dir helfen. Keine Sorge, sie ist nicht angemessen im Sinne von berechtigt, aber normal. Und genau deshalb kannst du sie auch einfach spüren, ohne dass du agieren musst. Es agiert bereits in dir, du musst dem nichts hinzufügen. In diesem Stadium ist es wirklich wichtig, dass du dir selbst Raum gibst und nicht von dir erwartest, fliegen zu können oder zu wissen, wohin dich der Weg führt.

Es kann sein, dass du dich auf einmal für ganz viele verschiedene Dinge interessierst, aber genauso schnell die Lust an ihnen verlierst, wenn du einen bestimmten Wissensstand erreicht hast. Andere sagen dir vielleicht, du würdest dich verzetteln. Du besuchst in einem Jahr zehn Seminare, du liest zwanzig verschiedene Sachbücher. Du fängst drei Studiengänge gleichzeitig an, brichst wieder ab, bist auf der Suche. (Kaufe dir im Moment bitte keinen Hund oder ein anderes Tier, das du langfristig in Obhut hast, außer, du bist zu hundert Prozent sicher.) Du willst umziehen, weißt aber nicht, wohin, beantragst ein Visum für Kanada und gehst dann doch nicht. Du bist unberechenbar für andere. Dein Partner, deine Eltern, deine Freunde machen sich Sorgen, befürchten, du hättest dein Leben nicht mehr im Griff. Recht haben sie damit. Mit den Sorgen aber nicht. »Entscheide dich doch endlich einmal, und dann ziehe das durch!«, rufen sie dir zu, doch genau darum geht es jetzt eben nicht.
Gleichzeitig musst du deinen Alltag meistern und deinen Lebensunterhalt verdienen. Das ist Stress. Und auch das gehört dazu. Du kommst im Moment einfach nicht darum herum, dich selbst und dein Leben als chaotisch zu erleben, und je mehr du diesen Zustand anerkennst, desto leichter meisterst du ihn.

Lasse also alle Ideen darüber, dass du dein Leben wohlgeordnet und für andere nachvollziehbar im Griff haben musst, los. Das hast du sowieso nicht, und während eines Imago-Prozesses schon gar nicht. Du surfst auf der Welle des Chaos, aus dem heraus etwas Neues entsteht. Kosmos, also Ordnung, und Chaos bedingen sich gegenseitig, gehen Hand in Hand. So gib dem Chaos Raum, auch wenn es dir Angst macht. Es ist genau das, was im Moment ansteht. Das Chaos zeigt dir: Du bist mitten auf deinem Weg. Lasse die allzu starre Kontrolle über dich selbst und dein Leben los, und begnüge dich in diesen Stadium damit, jeden Tag zu meistern.
Keine Sorge. Es geht vorbei.

In diesem Stadium begegnen dir Menschen, die das, was du ersehnst, bereits leben. Nicht genau so, jeder ist einzigartig, aber es ist, als hielte dir das Leben eine Blaupause hin, gäbe dir eine Ahnung von dem, was auch für dich möglich ist. Die psychische Immunabwehr hat noch nicht verstanden, dass du dich, wenn auch auf möglicherweise für einige Menschen schmerzhafte, so doch auf positive Weise, veränderst. Sie bekämpft diese Veränderung noch immer. Und so nimmst du diese besonderen Menschen in deiner Umgebung zwar wahr, erkennst sie womöglich aber noch lange nicht als zukünftige Gefährten und Gleichgesinnte.

Ein kleines Beispiel:
Es gibt in meiner Familie ein transsexuelles Familienmitglied, das verständlicherweise lange Zeit brauchte, um sich selbst zu erkennen. Die Transformation dauerte dann noch einmal etwa zehn Jahre. Sie durchlief alle Stadien, von Verleugnung über Verdrängung bis dahin, Lösungen für sich zu finden, ohne sich unters Messer legen zu müssen. Am Ende kam sie um eine komplette Transformation nicht herum. Doch bereits zu Beginn, als sie das Gefühl hatte, irgendetwas ist komisch in ihr, lernten wir eine Transsexuelle kennen. Und zwar,

als ich meine Ausbildung zur psychologischen Beraterin in einer Heilpraktikerschule machte. Sie war Teil der Klasse, ich freundete mich mit ihr an, und sie besuchte uns ab und zu zu Hause. Wusste ich, dass sie transsexuell war? Nein. Sie verheimlichte es meisterhaft, schob ihre tiefe Stimme auf männliche Hormone, die sie als Leistungsschwimmerin in der DDR bekommen hatte. Es gab also bereits die Blaupause, doch wir erkannten sie nicht gleich. Sie outete sich uns zu genau dem Zeitpunkt, als mein Familienmitglied seine eigene Not zumindest thematisierte. Und so erlebte ich es oft: Jemand tat oder lebte genau das, was ich oder in diesem Fall eine enge Vertraute irgendwann umsetzen wollte, musste. Für mich war es wichtig, diese Transsexuelle kennenzulernen, um die Angst vor der Veränderung, durch die ich meine Vertraute später begleitete, zu verlieren. Das erkannte ich natürlich erst, als klar wurde, wohin ihr Weg führte, sie und mich.

Als ich noch als Krankengymnastin arbeitete, machte ich eine Fortbildung. Ich saß in einer wunderschönen Praxis, alles in Holz, sehr gemütlich und natürlich – ein idealer Arbeitplatz. Die Lehrerin zeigte uns Übungen und erklärte etwas über die Zusammenhänge zwischen Gefühlen und Körper, was mich schon immer sehr interessierte. Und irgendwann sagte sie: »Ich habe, als ich vierzig wurde, aufgehört, als Physiotherapeutin zu arbeiten, und unterrichte jetzt.«
Damals war ich zweiundzwanzig. Die Praxis, in der ich arbeitete, war traumhaft, ich liebte meinen Beruf. Und doch gab es in mir auf der Stelle einen Impuls, nämlich den: »Oh, man muss das nicht für immer machen, man kann sich auch im hohen Alter (!) verändern und anders sein Geld verdienen. Ich behalte mir vor, mit vierzig etwas anderes zu machen.«
So. Und rate bitte, wann ich aufhörte, als Physiotherapeutin zu arbeiten, weil mich das Leben auf neue Wege führte? 2005, ich wurde gerade vierzig. Spannend, oder?

Noch ein Wunder:
Ich war siebenundzwanzig, begann meine Ausbildung zur psychologischen Beraterin und hatte durch das viele Massieren in der Praxis ziemliche Schmerzen in der Hand. Ich machte mir Sorgen. Ich spürte, dass ich das nicht für immer tun konnte, ich brauchte eine andere Technik, mit der ich Menschen helfen konnte. Damals hatte ich eine Freundin, deren Eltern sich mit merkwürdigen spirituellen Dingen befassten. Das war 1992. Sie nahm mich eines Tages mit zu einer Heilsitzung im Wohnzimmer der Eltern, und ich lernte den wunderbaren Gustav Hossenfelder kennen, einen Geistheiler. Er berührte nicht, sondern schickte Energie durch die Hände. DAS ist es, dachte ich, das will ich auch machen, ich muss das lernen. Ich kann diesen Beruf auf die Dauer nicht mit Muskelkraft ausüben.
Ich wollte Geistheilen lernen, damit ich mir auch mit vierzig noch meinen Lebensunterhalt verdienen konnte, nicht, weil ich so spirituell war. Also lernte ich es und vieles andere, woraus sich mein jetziger Weg und Beruf entwickelte. Der inneren Evolution ist es egal, wie und warum du ihr folgst.

Es ist in diesem Abschnitt deines Lebens gerade so, als flöge ein Schmetterling um die Raupe herum und zeigte ihr ein Abbild dessen, wozu sie heranreifen wird. Zeigt sich der Schmetterling in deinem Leben, zeigt sich eine Zukunftsvision, etwas, was du erreichen willst, dann hat der Prozess längst begonnen. Zum Glück weiß die Raupe vorher nicht, was ihr blüht …
Wir alle müssen den ganzen Weg des Imago-Prozesses gehen, es gibt keine Abkürzung.
Du bist dabei, dich zu verändern. Du weißt noch nicht, wohin die Reise geht, doch dass etwas anders ist, das spürst du deutlich. Es kann sehr gut sein, dass dich die deiner Meinung nach oberflächlichen und belanglosen Themen der Menschen in deiner Umgebung nerven und langweilen, ja, dass du sogar beginnst, sie zu bewerten. In dir voll-

ziehen sich wesentliche Veränderungen, so erträgst du das Gerede über vieles, was für dich unwesentlich ist, nicht mehr. Das ist sehr verständlich.
Aber erinnere dich bitte: DU veränderst dich. Nicht die anderen. Für dich stimmt das, was bisher funktioniert hat, auf einmal nicht mehr. Dafür können die Menschen in deiner Umgebung nichts. Sei also achtsam mit deinem Urteil. Sicher spürst du, weil du gerade sehr dünnhäutig und verletzlich bist, wie sehr sich die Menschen in deiner Umgebung vom Wesentlichen ablenken, wie wenig sie mit sich selbst in Kontakt sind. Nun, das ist ja aber nichts Neues, oder? Das weißt du doch sowieso schon, und dir selbst ging es für eine Weile bestimmt auch nicht anders.

Du veränderst dich. Damit muss deine Umgebung nicht auf Anhieb klarkommen, genauso wenig, wie du mit ihr klarkommen musst. Du kommst dir vielleicht auf einmal vor wie der junge, noch braungraue Schwan in dem Märchen »Das hässliche Entlein«: ausgestoßen, anders, irgendwie komisch.

Und vielleicht gibt es sogar eine Hybris in dir, die dir einflüstert, dass du auf deinem Weg schon viel weiter bist als die anderen. Nun ja, das kann stimmen, was immer das auch bedeuten mag. Aber auch dafür können die anderen nichts, du übrigens auch nicht. Ich muss dir das so sagen, denn ich begegne in meinen Seminaren oft Menschen, die sich sehr einsam fühlen, weil ihre Umgebung, besonders der Partner, sie nicht mehr versteht.

Ja, das stimmt, du bist einsamer. Ja, eben weil deine Umgebung dich nicht mehr versteht. Aber du verstehst sie auch nicht mehr, die anderen vermissen dich ebenso! Oftmals gibt es da einen Anspruch, dass sich die anderen nun bitte auch verändern sollen. Nun, dieses Recht hast du nicht. Du musst sie so lassen, wie sie sind, sie dich aber auch.

Was braucht es also? Mitgefühl – mit dir selbst und mit den anderen. Du verlierst deine innere Sicherheit, du weißt nicht mehr, wer du bist. Und die Menschen in deiner Umgebung wissen es auch nicht mehr. Das macht ihnen Angst, und sie tun womöglich alles, um dich in das alte Fahrwasser zurückzugeleiten. Sie wissen nicht, ob du weiterhin zur Verfügung stehst, für eine Liebesbeziehung, eine Ehe, als Freundin, gar als Elternteil. Und du weißt es letztlich auch nicht. Wenn sich deine Energie verändert, dann reagiert dein Umfeld wie ein Seismograf darauf, und je abhängiger die Menschen um dich herum von dir sind, sei es emotional oder auch durch gemeinsame Projekte, desto verunsicherter reagieren sie.

Das dürfen sie. Es zeigt nur, dass du ein funktionierendes soziales Netz gewoben hast. Dieses Netz verändert sich, und so müssen sich alle, die mit dir in enger Verbindung stehen, neu ausrichten.

Schwierig wird es, wenn sich einige Menschen weigern, sich neu auszurichten, und darauf bestehen, dass du auf gewohnte Weise funktionierst. Das solltest du nicht erlauben, außer es sind kleine Kinder, die sich selbst nicht halten und auffangen können.

Verunsichert sein: Ja, das dürfen andere. Diese eigene Verunsicherung ablehnen und deshalb von dir Umkehr erwarten: Nein, das dürfen sie nicht. Du kannst und solltest dich nicht gegen deine eigene Evolution stemmen, weil andere nicht mit ihren daraus resultierenden Ängsten konfrontiert werden wollen.

Ist das der Fall, bekommst du also starken Gegenwind, obwohl du dich ja sowieso schon verletzlich und unsicher fühlst, inklusive der unvermeidlichen Schuldgefühle, weil du nicht mehr funktionieren willst, wie andere das erwarten, dann überprüfe und korrigiere bitte die ungesunden oder überholten Emotionalverträge, die du abgeschlossen hast.

EXKURS: WAS IST EIN EMOTIONALVERTRAG?

Das ist eine unausgesprochene oder ausgesprochene Vereinbarung zwischen zwei Menschen oder innerhalb einer Familie oder Gruppe, sich auf bestimmte Weise zu verhalten oder auch nicht zu verhalten, um Familien- oder Gruppenmitglieder vor bestimmten emotionalen Zuständen zu schützen oder ebendiese zu ermöglichen. Emotionalverträge sind sehr sinnvoll, wenn eine Gruppe eine gemeinsame Aufgabe hat, in der es nicht vorrangig um das Befinden jedes Einzelnen geht, zum Beispiel im Beruf. Auch zum Schutz eines Einzelnen in der Gruppe sind sie sehr hilfreich und wichtig, wenn dieser Schutz vonnöten ist, damit dieser seine Aufgaben in der Familie oder Gruppe erfüllen kann.

Bewusst eingegangene Emotionalverträge stärken die Achtsamkeit und den Respekt voreinander, jedes Mitglied einer Gruppe wird mit seinen Bedürfnissen wahrgenommen und anerkannt.

Was brauchst du, damit du dich wohlfühlst, und wie kann ich dir das geben? Was brauche ich, damit ich mich wohlfühle, und was erbitte ich von dir? Ist es dir und mir möglich, dem jeweils anderen zu geben, was er sich wünscht, oder beeinträchtigt das erwünschte Verhalten das jeweils eigene Wohlbefinden? Das sind die Fragen, die gestellt werden müssen, wenn man einen gesunden Emotionalvertrag eingeht.

Ein Beispiel:

Ich bin co-abhängig. Man kann mich sehr leicht manipulieren, wenn man mich um Hilfe bittet. Ich kann fast nicht Nein sagen, wenn das ein mir nahestehender Mensch tut. Schon gar nicht, wenn ich ihn liebe und in Not weiß. Sogar, wenn diese Not selbst verursacht ist und leicht von demjenigen selbst behoben werden könnte, springe ich ein, wenn man mich manipuliert. Ich kann das nicht verhindern, auch wenn ich schon sehr lange auf dem Weg der Genesung bin. Ich weiß das von mir, und ich »arbeite dran«, aber ich muss an dieser Stelle gut auf mich aufpassen, will ich mich wirklich und rückhaltlos öffnen.

Ich kann nur Menschen nahe an mich heranlassen, die das wissen, respektieren und niemals ausnutzen. Menschen, die versuchen, mich zu manipulieren, verlasse ich noch in derselben Sekunde. Das ist Selbstschutz vor der Selbstausbeutung, und ich sage das auch laut und deutlich. Der Emotionalvertrag, dem man zustimmen muss, damit eine echte, liebevolle und auf Nähe basierende Beziehung mit mir möglich ist, lautet: Manipuliere mich nicht, und nutze meine Hilfsbereitschaft nicht aus. Tust du das, beende ich diese Beziehung und halte mich fern.

Das kann man finden, wie man will, so ist es eben. Das ist meine Bedingung, damit ich mich in privater Hinsicht rückhaltlos öffnen und Vertrauen fassen kann. Beruflich sieht das natürlich anders aus, aber da bin ich auch nicht so verletzlich, außer es geht um Tiere.

Veränderst du dich, dann erkennst du, ob deine Emotionalverträge noch stimmig sind, denn natürlich gibt es auch jede Menge ungesunde. Immer dann, wenn ein Emotionalvertrag dazu verwendet wird, Entwicklung zu verhindern, also der Schmerzvermeidung dient, engt er dich ein. Warum? Weil du dich nicht frei entfalten kannst, wenn du auf die Weigerung eines anderen, ebenfalls zu wachsen, Rücksicht nehmen musst.

Was nun ist der Unterschied zwischen einem gesunden Emotionalvertrag und einem ungesunden? Gesunde Emotionalverträge unterbinden ungesundes Verhalten von anderen, das auf Mangel und auf

Vermeidung beruht. Will mich jemand manipulieren, dann glaubt er, von mir abhängig zu sein und etwas von mir zu brauchen, was nur ich ihm geben kann, oder er respektiert einfach mein Nein nicht. Das erlaube ich nicht. Ich bin nicht für das Innere Kind eines anderen zuständig, nur weil er sich selbst nicht darum kümmern will. Ich kann ihm helfen, sich selbst darum zu kümmern, das gern und jederzeit! Aber ich springe nicht ein, wenn er sich weigert, das zu tun. Allzu unbewusst bedürftige Menschen kann ich in meiner engen Umgebung nicht oder nur kurze Zeit ertragen, weil ich sonst ständig in die Mutterrolle gedrängt werde und ich schon das Abgrenzen als äußerst mühsam empfinde.

Du brauchst es niemals zu erlauben, dass jemand deine gesunden Grenzen nicht respektiert. Nicht einmal dir selbst. So einfach ist das.

Ein ungesunder Emotionalvertrag wäre dieser hier: Sprich Susanne niemals darauf an, dass sie co-abhängig ist, dass sie nicht immer gut auf sich aufpasst, dass sie manchmal zu viel isst … oder was auch immer.
Wenn ein Emotionalvertrag meiner Vermeidungsstrategie dienen würde, meinem Selbstbetrug, dann würde ich meine Familie darum bitten, dass sie wider besseres Wissen auf Zehenspitzen um mich herumschleicht, damit ich mich nicht selbst erkennen muss.

Gilt das immer? Nein, natürlich nicht. Die Basis für jeden Emotionalvertrag sind Mitgefühl und Respekt. Nicht Mitleid, sondern echtes Mitgefühl und Respekt vor dem Weg des anderen. Jeder Mensch hat das Recht, bestimmte emotionale Themen zu vermeiden. Jeder Mensch hat das Recht, sich selbst zu betrügen, und jeder hat das Recht, zu verdrängen und zu vermeiden, womit er nicht klarkommt. Du hast das Recht auf deine Lebenslüge, um es einmal überspitzt auszudrücken, ja, manchmal ist das Verdrängen die einzige Möglichkeit, überhaupt weiterzumachen und neues Leben zu zeugen. Jeder hat das Recht, in seiner Komfortzone zu bleiben. Aber nicht auf deine Kosten.

Du musst dich nicht ständig selbstzurücknehmen, gar deine eigene Entwicklung vermeiden, um einen anderen nicht in Schwierigkeiten zu bringen. Letztlich sind wir alle miteinander vernetzt. Deine Entwicklung fordert die Menschen in deiner Umgebung auf, sich ebenfalls zu entwickeln, das kannst du nicht vermeiden. Das darf auch so sein. Doch natürlich hat jeder das Recht, Nein dazu zu sagen. Dann verändert sich die Beziehung auf die Dauer, manchmal trennen sich auch die Wege. Doch nicht immer. Du findest während deiner Entwicklung vielleicht ganz neue, mitfühlende Möglichkeiten, mit dem anderen umzugehen, ohne dich dabei zu begrenzen.

Kommst du zu meinem Seminar, dann schließen wir folgenden Emotionalvertrag ab, das sage ich vorher auch deutlich: Ich werde dich nicht beschämen und auch nicht erlauben, dass das andere in der Gruppe tun, ich sorge für deine emotionale Sicherheit in der Gruppe, soweit mir das möglich ist, und ich werde dir zu deinem Besten nicht erlauben, deine gewohnten Schmerzvermeidungsmuster beizubehalten. Von dir erwarte ich, dass du mich respektierst, die Bereitschaft mitbringst, mir zu vertrauen, mir also eine Chance gibst, mir zuhörst und für dich selbst entscheidest, ob du das, was ich dir sage, annehmen willst oder nicht.
Verstehst du? Ein Emotionalvertrag gibt dir einen sicheren Raum. Im gesunden Fall ist er ein Kokon, in dem du dich entfalten kannst, eine positive Komfortzone, in der nur das Platz findet, was echt und wahrhaftig ist. Im ungesunden Fall ist er ein Käfig: für den, der geschützt werden will, und für den, der sich selbst verleugnen muss, eine negative Komfortzone.[1]

Veränderst du dich und kommt jemand in deiner Umgebung nicht gut damit klar, dann verneige dich in Gedanken vor ihm, und sage ihm still: »Ich sehe deinen Schmerz, ich bitte dich um Vergebung dafür, dass er durch mich ausgelöst oder aktiviert wird, und du hast mein tiefes Mitgefühl.« Das kannst du auch laut sagen, wenn es die Beziehung zu deinem Gegenüber erlaubt. Gehen musst du deinen Weg aber dennoch. Der Preis, ihn nicht zu gehen, ist zu hoch, denn die Veränderung kommt unweigerlich. Wehrst du dich dagegen, dann stirbt die Raupe im Kokon ab.

---

1 Mehr zum Thema Emotionalverträge findest du in meinem Buch »Das Innere Kind – Schuldgefühle loslassen«.

Hier ist eine innere Reise, die dich in diesem Stadium unterstützen kann. Ich halte die Eingangsentspannung in diesem Buch kurz. Führst du die Reise durch, nutze bitte eine dir bekannte Entspannungstechnik, um zur Ruhe zu kommen. Nutzt du die Reise für die Arbeit mit anderen, dann wende die Entspannungstechniken an, die dir und deiner Gruppe vertraut sind.

Innere Reise

DER GOLDENE KOKON

Mache es dir ganz bequem, schließe deine Augen, und erlaube dir, dich auszuruhen. Du brauchst nichts mehr zu tun, du darfst dich ganz und gar entspannen, so gut, wie du das heute eben kannst. Nun stelle dir bitte vor, du hältst einen goldenen Faden in der Hand, der nahezu unendlich lang ist. Mit diesem Faden kannst du einen goldenen Kokon um dich herum gestalten, und wie von selbst weißt du auf einmal, wie das geht.

Du webst nun mit dem Faden in genau dem richtigen Abstand um dich herum eine goldene, wärmende Schutzhülle. Vielleicht entsteht dieser Kokon auch von selbst, es passiert genau so, wie es für dich richtig ist. Diese Hülle kann sehr fest und stabil sein, vielleicht ist sie auch weich und dehnbar oder eher wie ein Lichtschein – sie ist genau so, wie es sich für dich gut anfühlt und wie du es heute brauchst. Du hast genug Platz in diesem Kokon, um es dir ganz gemütlich zu machen und dich auszuruhen. Das Besondere in diesem Kokon ist, dass dich niemand stört, keiner nervt, dass du vollkommen unangreifbar bist. In der Hülle scheint ein wundervolles, goldenes Licht, das dich durchströmt und dir Kraft gibt. Es fließt überall dahin, wo

es gebraucht wird, und hilft deinem Körper, neue Energie zu tanken. Du spürst, wie du dich mehr und mehr entspannst, und du atmest auf, denn hier bist du wirklich sicher und geschützt. Du brauchst im Moment viel Zeit, um dich zurückzuziehen, denn du spürst, dass sich vieles in dir verändert. Hier kannst du dich ausruhen, und die Veränderungen dürfen einfach geschehen, ohne dass du sie erklären musst, ja, du brauchst sie nicht einmal selbst zu verstehen.
So, wie ein Schmetterling sicher und geborgen in seinen Kokon eingehüllt ist, während ihm Flügel wachsen, kannst auch du dich immer dann in diese goldene Hülle zurückziehen, wenn dich die Welt da draußen zu sehr fordert oder wenn du zu viele Ansprüche erfüllen musst. Dieser Ort ist dein persönlicher Rückzugsort, hier wirst du genährt und bekommst genau die Energie, die du brauchst, um zu wachsen und dich zu entfalten. Wenn du an Engel glaubst, dann stelle dir vor, dass dein Schutzengel diesen Kokon liebevoll in seinen Händen hält und mit seiner Liebe erfüllt. Lichtstrahlen kommen direkt vom Himmel und aus der Erde und fließen in diesen Kokon hinein und versorgen dich fortwährend mit Energie. Hier kannst du alles entfalten, was in dir neu geboren werden will. Du hast in dieser Hülle die Möglichkeit, dich völlig zu entspannen, einfach einmal locker zu lassen und dich von allen äußeren Reizen abzuschirmen. Nutze sie immer dann, wenn dir alles zu viel wird oder du das Gefühl hast, dich selbst gar nicht mehr so richtig wahrzunehmen, immer dann also, wenn du eine Tür brauchst, die du hinter dir zumachen kannst. Der Kokon verändert sich, er ist immer genauso dick, wie du ihn brauchst. Einmal ist er nur wie ein dünner Schleier, ein anderes Mal ist er undurchdringbar.
Bleibe nun noch ein bisschen liegen, ruhe dich aus, und wenn du so weit bist, dann komme zurück in den Raum, in dem du dich befindest. Du weißt, dieser Kokon ist immer bei dir, und du kannst ihn jederzeit nutzen, egal, ob du allein bist oder mit anderen zusammen.

In diesen Kokon kannst du dich wie in eine positive Komfortzone zurückziehen, um dich auszuruhen, Kraft zu schöpfen und zur Ruhe zu kommen. So wichtig die Bereitschaft ist, mitzugehen, wenn dich das Leben an die Hand nimmt und zu neuen Ufern führt, so wichtig ist es, dir Ruhezonen zu schaffen und dort zu verweilen.

Erlaube mir, dir ein Bild zu geben:
Stelle dir vor, du bekommst als Seele ein paar kleine Rosensträucher in die Hand gedrückt, und jemand sagt dir: »Pflanze die ein, und hüte sie, halte sie am Leben. Dadurch wirst du alles über das Wesen des irdischen Lebens lernen, was es zu lernen gibt: Du lernst zu überleben. Wenn du alles gelernt hast, komme wieder, und berichte.« Du kommst auf die Erde und pflanzt diese Rosen ein. Und nun geht es los: Dürre, Hurrikans, Überschwemmungen, Blattläuse usw. Du meisterst im Laufe der Zeit all diese Herausforderungen, lernst, für das zu sorgen, was es braucht, damit die Rosen am Leben bleiben. Du befindest dich dabei weit außerhalb deiner Komfortzone, du schaffst sie aber immer wieder neu, und dabei lernst du genau das: dir Komfortzonen zu erschaffen und das Leben zu meistern. Du hast das Überleben, das Gärtnern zur Meisterschaft gebracht und dabei sehr viel über das Leben auf der Erde und was nötig ist, um es zu meistern, gelernt. Du hast gelernt, durchzuhalten, die Rosenstöcke und auch dich selbst nicht aufzugeben, neue Wege zu entwickeln und eine Menge mehr. Das konntest du nur lernen, indem du all diese Herausforderungen erlebtest, einfach deshalb, weil es sie auf der Erde nun einmal gibt.
Doch nun ändern sich die Aufgaben. Du weißt jetzt alles darüber, wie man diese Rosen trotz aller Widrigkeiten am Leben hält. Nun bringe sie zur vollendeten Blüte, hüte sie, nähre sie, lerne, ihnen zu geben, was sie brauchen, um ihr höchstes Potenzial zu entfalten. Das geht nur, wenn die Umgebung sicher ist. Du kannst keine Rosen zum Erblühen bringen, wenn sie um das Überleben kämpfen müssen. Nun

aber geht es darum, das höchste Potenzial zu entfalten und herauszufinden, wie viel Schönheit und Ausdruck möglich sind, wenn die Gegebenheiten sicher sind, die Weichen gestellt. Und dazu braucht es eine sichere Zone, eine gesunde Komfortzone, in der du dich geborgen fühlst.

Was sind denn diese Komfortzonen überhaupt? Ich meine damit Lebensbereiche, in denen man sich besonders in emotionaler Hinsicht sicher fühlt.
Sehr deutlich spüre ich meine Komfortzonen im Moment im Umgang mit meiner Stute. Sie ist jung, und ich kann noch nicht reiten. Wir lernen also alles zusammen. Jeden Tag verlassen wir beide unsere gemeinsame Komfortzone: die Weide mit der Herde, die ihr vertraut ist und wo sie sich sicher fühlt. Auch ich fühle mich am sichersten, wenn ich mit ihr auf der Weide bin: Sie kann nicht weit flüchten, und sie ist entspannt. Ihr Sicherheitsbedürfnis wird durch den Zaun außen herum und besonders durch die Herde erfüllt. Zu Beginn war ich schon überfordert, wenn ich sie am Strick von der Weide führen sollte, weil sie nicht sofort leicht und willig mitkam. Hätte ich diesen Schritt vermieden, wäre ich in einer ungesunden Komfortzone geblieben. Dann würden wir beide nichts lernen, und sie würde ihr Leben auf der Weide verbringen, während ich ihr beim Fressen zuschaue. (Nicht das schlimmste Leben für sie, ich weiß …) Wir übten also und hielten beide unsere jeweiligen Unsicherheiten aus, um unseren gemeinsamen Spielraum zu erweitern. Wir verließen unsere Komfortzone, die Weide, damit wir neue, gemeinsame Komfortzonen erobern konnten.
Das Nichtverlassen der Weide ist ein Beispiel für eine ungesunde Komfortzone, die der Vermeidung von etwas dienen würde, was ich mir selbst und auch meiner Stute durchaus zumuten kann. Denn am Ende führt das Verlassen dieser Komfortzone zu erheblich mehr Lebensglück und Vertrautheit mit meinem Pferd.

Doch es gibt auch gesunde Komfortzonen. Ich gab meine Stute zum Beritt, da ich selbst nicht reiten kann und ich es für sehr wichtig halte, dass sie von jemand Erfahrenem eingeritten wird. Eines Tages durfte ich mich auf sie setzen, wir gingen lediglich im Schritt im Kreis herum. Dann erschrak sie vor irgendetwas, machte einen Hopser, vollkommen harmlos, doch ich fiel herunter. Ich sollte gleich wieder aufsteigen, was ich auch tat, doch meine Angst durch den Schock des Sturzes und ihre Unsicherheit potenzierten sich, das spürte ich ganz deutlich. Das Verlassen der Komfortzone, nämlich am Boden zu bleiben, wurde gefährlich. Ich sagte das dem Lehrer, ich spürte einfach, ich konnte meine Panik nicht mehr kontrollieren, und ich stieg ab. Der Boden war in diesem Fall die gesunde Komfortzone.
Ich entschied, dass ich eben nicht reiten lernen würde. Ich bin fünfzig, ich will noch mindestens dreißig Jahre ohne Knochenbrüche leben, also würde ich mich in Bodenarbeit ausbilden lassen und fertig. Reiten könnte die Stute mein Partner.

Das ist nun wieder eine negative Komfortzone. Warum? Weil ich aus den falschen Gründen so entschied. Ich bin einmal von einem sehr jungen Pferd gefallen, das gerade mal acht Wochen lang in Ausbildung gewesen war. Vorher hatte ich mindestens schon zwanzig Mal auf anderen Pferden gesessen, im Schritt und im Trab, und bin immer oben sitzen geblieben.

Es ist eine sehr gute Idee, Bodenarbeit zu machen, und auch das Nichtreiten hat durchaus Vorteile, vor allem für das Pferd. Aber es ist keine gute Idee, das Reiten zu vermeiden, weil man Angst hat.

Ich machte mich also auf die Suche nach einem Reitlehrer, der meine Angst erkannte und mich Schritt für Schritt herausholte, und ich fand eine wundervolle Reitpädagogin. Als ich zum ersten Mal auf einem ihrer Therapiepferde an der Longe galoppierte, spürte ich, dass ich so weit war, ich konnte mich erneut auf meine Stute setzen – natürlich erst einmal nur, wenn sie von jemandem geführt wurde. Ich tat es und war überglücklich. Was hätte ich verpasst!

Und das ist der Unterschied. Hätte ich mich allein auf mein junges Pferd gesetzt, ohne reiten zu können, dann wäre das einfach nur idiotisch gewesen, weil die Situation hätte eskalieren können. In kompetenter Begleitung aufzusteigen, obwohl ich Angst hatte und mein Pferd unsicher war, war ein gesundes Verlassen der Komfortzone »Bodenarbeit«, für meine Stute und für mich.

Wenn du eine Situation wirklich nicht meistern kannst, weil dir das Handwerkszeug fehlt oder weil sie sich nicht meistern lässt, dann sorge für deine Sicherheit, soweit das möglich ist. Kamikaze-Unternehmungen dienen nicht dem Wachstum und dem Lernen.

Hier einige Beispiele für gesunde und ungesunde Komfortzonen von meinen Kursteilnehmern:

»In der Kommunikation ist es für mich ungesund, wenn ich das Gespräch mit dem Gegenüber nach einer Verletzung scheue, nur weil ich Angst vor weiterem Schmerz habe und lieber im Stillen ein Vergebungsritual nach dem anderen mache …«

»Eine gesunde Komfortzone wäre für mich, mir das Recht zu nehmen, Situationen, die mich belasten, zuerst zu verlassen, dann nachzuspüren und mich dem erst wieder auszusetzen, wenn ich weiß, warum es mich verletzt hat. Ich kläre also zunächst meine Gefühle, und dann suche ich erneut das Gespräch. Ist das mit dem Gegenüber nicht möglich, dann erlaube ich mir, die Situation endgültig zu verlassen und nicht immer wieder ins offene Messer zu rennen.«

»Als Mutter bleibe ich manchmal auch bewusst in einer Komfortzone, wenn darüber hinauszugehen eine zu große Unsicherheit bringen würde, die mein Sohn dann natürlich spüren und auf die er dann reagieren würde. Es würde mich zu diesem Zeitpunkt zu sehr beanspruchen.«

Woran erkennst du, ob du die Komfortzone verlassen solltest oder ob es im Gegenteil wichtig ist, genau dort zu bleiben? Denn auch das ist sehr wichtig: sich in sicherer, vertrauter Umgebung aufzuhalten und die innere Stabilität zu pflegen. Genauso, wie ich mit meiner Stute immer wieder in für sie und damit auch für mich schwierige Situationen hineingehe, damit wir gemeinsam lernen, sie zu meistern, ist es wichtig, sie auf der Koppel zu besuchen und einfach entspannt mit ihr zusammen zu sein.
Woran also erkennst du den Unterschied zwischen gesunden und ungesunden Komfortzonen? Die ungesunde Komfortzone dient der unangemessenen Schmerzvermeidung. Du unterdrückst deine vitalen Impulse, weil du negative Emotionalverträge einhalten willst

oder weil du Angst hast, verletzt zu werden und dich nicht abgrenzen zu können. Wenn du in einer ungesunden Komfortzone festhängst, dann drehst du dich im Kreis, und du spürst, dass du dich selbst blockierst. Du versuchst, deine Angst vor Neuem zu vermeiden und dir selbst und deinen Gefühlen auszuweichen. Wenn du ganz ehrlich zu dir selbst bist, weißt du tief in dir, dass du dir selbst und deiner Lebendigkeit im Weg stehst. Deine innere Stimme sagt »Ich sollte …«, und du weißt, sie hat recht. Du findest Ausreden, doch am Ende musst du zugeben, dass du einfach Angst hast. Schaue in diesem Fall bitte nach deinem Inneren Kind, das hilft meistens.
Die gesunde Komfortzone dient deiner Stabilität und deiner Erdung. Du fühlst dich wohl und entspannt, kannst dich angstfrei entfalten und einfach du selbst sein. Du hast Raum für innere Prozesse, eben weil du dich stabil fühlst.

Im Imago-Prozess nun kann es passieren, dass du ebendiese gesunde Wohlfühlzone eine gewisse Zeit lang verlierst, dass du dich nirgendwo mehr sicher und geborgen fühlst. Das gehört dazu, mache dir also keine Sorgen. Tief greifende Transformationsprozesse schleudern uns in das allumfassende »Ich weiß es nicht« hinein. Je bewusster du dich in diesem Prozess entspannst, je weniger Widerstand du leistest, desto besser kommst du durch. Sorge dafür, dass du dich genügend ausruhst und etwas tust, was dir guttut, auch wenn es dir im Moment nicht ganz die Sicherheit vermittelt, die du dir erhoffst. Vertraue diesem inneren Prozess, er weiß, was er tut. Du brauchst dich dabei nicht immer gut zu fühlen, alles darf sein, wie es ist. Unsicher zu sein, nicht zu wissen, wohin die Reise geht, ist kein Versagen, wie wir es so oft befürchten. Erlaube dir, dich auch einmal schlecht zu fühlen. Je mehr du bei aller Achtsamkeit und Aufrichtigkeit dir selbst gegenüber in Frieden mit dem bist, was eben ist, desto entspannter lebst du. Hier ist ein Facebook-Eintrag, den ich in einer solchen Phase schrieb:

»Das ist gerade eine merkwürdige Zeit, geht das nur mir so? Ich erkenne gerade in Beziehungen auf so subtilen Ebenen, was für mich passt und stimmig ist und was nicht, dass ich mir schon total überempfindlich vorkomme. Bin ich vielleicht auch, wer weiß? Ich kann sehr gut unterscheiden, ob ich irgendwo durchmuss, weil es der Sache dient, oder ob ich in Beziehungen gerate, bei denen ich wieder anfange, meiner Co-Abhängigkeit zu frönen und mich selbst zu zensieren. Ich frage mich gerade nur, ob ich lernen muss, das eben nicht mehr zu tun, oder ob ich aufhören darf, mir selbst diesen Stress zu geben. Ich werde die Frage lieb haben, wie Rilke sagt, und heute einfach einmal damit sein …«

Es ist noch lange nicht die Zeit für Antworten. So erlaube dir, die Fragen in dir zu bewegen, sie lieb zu haben. Damit erweist du der verpuppten Raupe in dir, die nicht mehr weiß, wer sie im Moment ist und wohin sie sich entwickelt, einen riesengroßen Dienst. Geduld ist nicht umsonst eine Tugend, und hier brauchst du sie. Geduld aber kannst du nur haben, wenn du dem Prozess, der in dir stattfindet, vertraust. Dazu hast du allen Grund.
Das klingt so schön und einfach, ich weiß. Es ist in diesem Stadium besonders wichtig, dass du dich gut um dein Inneres Kind kümmerst, denn es könnte dich blockieren, weil es sicherlich große Angst vor Veränderungen hat.
Deshalb hier eine innere Reise für dein Inneres Kind, falls du dich damit beschäftigen möchtest:

Innere Reise

DAS INNER KIND IN SICHERHEIT BRINGEN

Stelle dir bitte einmal vor, es gäbe in dir ein Kind, das Angst vor Veränderung hat. Es ist schon oft verletzt worden, und es tut alles, um geliebt und nicht mehr verlassen zu werden.

Dieses Kind in dir wirkt manchmal sehr direkt, manchmal auch eher im Verborgenen. Du erkennst es daran, dass es sehr empfindlich ist und dich manchmal handlungsunfähig sein lässt. Du kommst dir dann vor, als wärest du gerade mal fünf, sechs Jahre alt statt erwachsen und gereift.

Stelle dir nun also bitte dieses Innere Kind vor. Wie nimmst du es wahr? Wie geht es diesem Kind? Kannst du in Gedanken zu diesem Inneren Kind hingehen, du als der Erwachsene, der du bist? Probiere das bitte aus. Setze dich zu dem Kind, und nimm es, wenn das möglich ist, in den Arm. Sage dem Kind: »Ich bin für dich da, ich halte dich, und ich bin auch in der Lage, dich zu halten.« Wie geht es dem Inneren Kind, wenn es sich bei dir ankuscheln darf? Und wie geht es dir selbst damit?

Wenn das Innere Kind ein wenig Vertrauen zu dir gefasst hat, dann sage ihm: »Du darfst, wenn du das willst, in mein Herz hineingehen, da ist es sicher, und du kannst dort einfach spielen. Ich regle mein Erwachsenenleben, und du machst es dir in meinem Herzen gemütlich.« Stelle dir nun bitte vor, es gäbe in deinem Herzen einen wunderschönen Ort, an dem es warm und weich, kuschelig und sicher ist. Dein Inneres Kind kennt diesen Ort vielleicht gar nicht, weil es ständig versucht, deine Angelegenheiten zu meistern, einfach, weil es das so gewohnt ist. Stelle dir nun also diesen Ort vor, so wunderschön, wie es für dich möglich ist, ein idealer Ort für dein Inneres Kind. Das Beste an diesem Ort ist: Er ist in dir, du schickst dein Inneres Kind also nicht weg, sondern holst es ganz nah zu dir heran. Irgendwann spürst du, dass dein Inneres Kind an diesem Ort im Herzen angekommen ist. Es kennt den Weg. Du fühlst dich freier, gleichzeitig fühlt sich das Herz irgendwie voller an, wärmer. Achte von nun an bitte darauf, dass du dein Inneres Kind immer wieder in dein Herz zurückholst. Es ist so sehr daran gewöhnt, im Außen zu agieren, weil es nichts anderes kennt, dass es sicherlich immer wieder versucht, dein Leben zu meistern.

Doch du brauchst dein Inneres Kind nicht außen, sondern innen. Von hier aus, aus dem Herzen heraus, kann es mit seiner Fantasie, seiner Lebendigkeit, seiner Freude wirken. Aber nur, wenn es in dir in Sicherheit ist.

Ich möchte dir eine weitere innere Reise anbieten: ein entspanntes Treffen mit deiner Seele. Sie hilft dir, besser zu verstehen, was gerade passiert, außerdem gibt sie dir Kraft. Wichtig ist bei dieser inneren Reise Folgendes: Du redest mit deiner Seele, aber du nimmst ihre Antworten nicht wie ein Zuhörer wahr, sondern nutzt während der Meditation die Übung, die ich weiter oben beschrieben habe: die Technik des leeren Stuhls. Keine Sorge, ich führe dich durch die Meditation hindurch. Mache dich aber bitte bereit, innerlich die Perspektive zu wechseln.

Innere Reise

EIN TREFFEN MIT DEINER SEELE

Entspanne dich, indem du es dir so bequem wie möglich machst. Dies ist deine Zeit, und du hast ein Recht darauf, dich auszuruhen. Das darfst du dir sagen, wenn du dir normalerweise zu wenig Zeit für dich selbst nimmst, denn es stimmt.

Stelle dir nun vor, du gehst durch ein Tor oder eine Tür und betrittst eine wundervolle Landschaft, einen gepflegten Park oder einen riesigen Garten. Du genießt die Ruhe und die Harmonie dieser Landschaft, sie erfreut dein Herz und nährt dich. Du spürst, wie du ins Gleichgewicht kommst, einfach, weil du in einer so wunderschönen Umgebung spazieren gehst. In einiger Entfernung bemerkst du einen sehr gemütlichen Ruheort, ein kunstvoll verziertes Teehaus oder eine Gartenlaube. Du gehst darauf zu und bemerkst, dass zwei Plätze vorbereitet worden sind, so liebevoll mit Decken und Kissen gepolstert, dass du dich noch tiefer entspannst. Du setzt dich auf den einen Platz. Du bist einen langen Lebensweg gegangen, erkennst du, und du spürst, wie müde du dich fühlst. Einiges hast du sehr gut gemeistert, anderes will noch gespürt, vergeben oder verstanden werden. Auf einmal leuchtet der zweite Platz hell auf, und eine Lichtgestalt, schöner, als du sie dir jemals erträumt hast, erscheint.

»Ich bin deine Seele«, sagt sie dir, und es ist, als hörtest du ihre Stimme als Gedanken in deinem Kopf. Sofort strömen die Liebe und die Wärme deiner Seele zu dir hin, du fühlst dich vollkommen geborgen in ihrer Gegenwart. Stelle dir nun bitte vor, du sitzt auf einmal auf dem Platz deiner Seele, gerade so, als wärst du selbst deine Seele. Du bist nun also diese Lichtgestalt. Schaue auf den Menschen, der bei dir sitzt. Spüre deine tiefe Liebe zu ihm. Willst du ihm etwas sagen? Lasse nun deine Lichtkraft zu ihm hinströmen. Vielleicht siehst du, was er alles trägt. Wenn du kannst, dann nimm ihm, dem Menschen, die Lasten ab, und löse sie im Licht auf. Stelle dir nun wieder vor, du sitzt auf dem Platz des Menschen, der du bist. Hast du eine Frage an deine Seele? Frage sie, was gerade mit dir geschieht, in welcher Veränderung du dich befindest, wenn du willst. Setze dich dann wieder auf den Platz der Lichtgestalt. Hier findest du die Antworten, hier weißt du sie einfach und kannst sie dem Menschen, der du bist, geben. Erlaube, dass ein Energieaustausch zwischen dir und dem Menschen, der du bist, stattfindet. Nimm alle Seelenanteile zu dir zurück, die du nun lange genug auf der Erde verkörpert hast, du weißt als Seele, wie das geht. Sie strömen zu dir zurück und bringen dir all die Informationen mit, die du haben wolltest, als du sie in das Menschsein hineingesandt hast. Nimm die Informationen an, die zu dir zurückkommen. Schicke jetzt all die Seelenanteile, die nun zur Erde kommen wollen, die du auf der Erde als Mensch einmal ausprobieren willst, in den Menschen hinein, der da sitzt. Lichtkraft fließt zwischen dir und dem Menschen hin und her, und eure Verbindung wird immer stärker.

Stelle dir nun vor, du sitzt wieder auf dem Platz des Menschen, deine Seele ist als Lichtgestalt bei dir. Spüre auch von hier aus die starke Verbindung zwischen dir und ihr. Spüre ihre Liebe zu dir, und fühle dich getragen und sicher. Bleibt nun noch ein wenig zusammen, der Energieaustausch und auch der Austausch der Informationen bleiben bestehen. Vielleicht verschmilzt deine Seele mit dir, aber das braucht sie nicht. Ihr beide seid nun einmal sehr verschieden, aber all das bist du. Wenn es noch etwas gibt, was du deine Seele fragen willst, dann tue das jetzt. Setze dich nach der Frage wieder auf den Platz deiner Seele, und nimm die Antwort wahr.

Deine Seele und du habt jetzt eine starke Bindung miteinander, und das ist euch beiden auch bewusst. Irgendwann spürst du, dass sich die Lichtgestalt wieder auflöst, du weißt, in Wahrheit hat deine Seele

keine Form. Sie ist eher wie Licht, wie Musik, wie etwas, was du nicht sehen, aber sehr wohl wahrnehmen kannst. Du kannst deine Seele jederzeit wieder treffen.
Komme in deiner Zeit beruhigt und gestärkt wieder durch dein Tor zurück in den Raum, in dem du dich befindest.

Dieses Treffen mit deiner Seele kannst du immer wieder praktizieren, auch wenn du gerade keine Frage hast. Verbringt einfach ein wenig Zeit miteinander, du und deine Seele. Es stärkt euch beide.

Die Hilfsmittel sind in diesem Stadium folgende:

- Nutze positive Affirmationen, die dich darin bestärken, dass du diesen Prozess unabhängig vom Endergebnis gut meisterst.
- Erschaffe dir Rückzugsmöglichkeiten, zum Beispiel den goldenen Kokon.
- Bringe dein Inneres Kind in Sicherheit.
- Erkenne negative Emotionalverträge, damit du nicht auf sie hereinfällst.
- Triff deine Seele, damit du spürst, wie liebevoll du geführt wirst.
- Erkenne deine momentane existenzielle Unsicherheit an, sei mitfühlend mit dir selbst. Es gibt nichts zu tun. Der Prozess in dir geht seinen eigenen Weg.

Das schaffst du. Es geht vorbei.

STUFE DREI:

Die Imago-Zellen verbinden sich zu Imago-Fäden

oder:

DAS LICHT DER SELBSTERKENNTNIS

Eines Tages, oft, wenn du schon nicht mehr glaubst, dass sich dieser unerfüllte Zustand je ändern wird, geschieht ein Wunder. Du hörst einen Satz, liest ein Buch, schaust eine Sendung, und plötzlich erkennst du dein Thema, das Wesen der Veränderung, die in dir geschieht. Ob es dir gefällt oder nicht, ob sanft oder schmerzhaft: Die Erkenntnis trifft dich mit voller Wucht.
Jetzt weißt du endgültig, dass alle Versuche, den alten, wenn auch unbefriedigenden, so doch für alle Beteiligten vertrauten Zustand aufrechtzuerhalten oder nur ein wenig »Kosmetik« zu betreiben, nicht fruchten werden. Eine dramatische, tief greifende Veränderung steht an.
Aber noch nicht jetzt. Zumindest nicht sichtbar.
Denn jetzt beginnt der Weg der Erkenntnis.

Du weißt noch immer nicht, wohin die Reise geht. Du spürst jedoch deutlich, was du nicht mehr willst. Der Auflösungsprozess in dir zeigt dir, welche Lebensumstände dringend geändert werden müssen. Gut und schön, denkst du. Wenn ich nur wüsste, wie.

Du wachst morgens auf und spürst diese innere Spannung. Du weißt, da stimmt etwas nicht, und du grübelst darüber, wie du deine Situation verbessern könntest. Du kannst deine Ahnungen und Gefühle nicht mehr unterdrücken, ob es dir gefällt oder nicht. Du weißt, etwas in dir will sich entfalten, will sich verändern. Die Konsequenzen wären immens, glaubst du, und vielleicht stimmt das auch. »Das schaffe ich nicht, wohin soll das denn führen, wenn ich jetzt alles umwerfe, was mir gerade nicht passt?«, fragst du, und du hast recht. Tue nichts im Außen, noch nicht.
Innenschau ist jetzt angesagt. Denn auf einmal fallen dir Muster auf. All das, was dir im Einzelnen nicht besonders wesentlich erschien: da mal ein Ärger, dort ein Unmut, hier eine kleine Selbstausbeutung – all das fügt sich zu einem Bild zusammen. Im Imago-

Prozess bilden die Imago-Zellen jetzt Imago-Fäden, sie vernetzen die Cluster miteinander. Es ist, als würde dein Inneres auf einmal in den Spiegel schauen und sich selbst erkennen. Und wie durch ein Wunder kommen jetzt genau die Informationen zu dir, die du brauchst. Die innere Abwehrhaltung, die ganz und gar natürlich ist und die du nicht beeinflussen kannst, solange die Cluster in dir noch voneinander getrennt sind, löst sich auf einmal in Luft auf, und du hast ein Aha-Erlebnis nach dem anderen.

Ein Beispiel:
Ich litt sehr lange darunter, dass ich nicht Nein sagen konnte, wenn mich jemand um etwas bat. Ich bekam Schuldgefühle, wenn ich nicht so wollte, wie das ein anderer von mir erwartete. Und dabei spielte es gar keine Rolle, ob das überhaupt stimmte oder nicht. Ich hätte sicherlich weitaus mehr Handlungsfreiraum gehabt, als ich mir einbildete. Ich aß zu viel, um den emotionalen Druck auszuhalten. Ich hatte Schuldgefühle, ich beutete mich selbst aus, ich fürchtete Situationen, in denen ich mich selbst zu sehr auf einen anderen Menschen einlassen musste, mich gar abhängig machte. Wusste ich doch, dass ich nicht gut für mich sorgen konnte, wenn ich erst einmal im Umfeld eines anderen war. So ging ich zum ersten Mal in eine Suchtselbsthilfegruppe, weil ich die zwölf Schritte der anonymen Alkoholiker auch für mein Essproblem hilfreich und sinnvoll fand. In einem dieser Meetings sagte eine Teilnehmerin: »Ich habe mich gestern überfressen, und ich spüre immer deutlicher, mein wahres Problem ist die Co-Abhängigkeit. Ich renne so sehr meinem Vater hinterher, dass es nicht mehr normal ist.«
Wow! Das tat ich auch bei meinem Vater. Und nicht nur bei ihm. Ich tat alles, um geliebt oder zumindest nicht verlassen zu werden. Plötzlich vernetzten sich all meine Erfahrungen, nur durch dieses eine Wort. Mir ging ein Licht auf, und von da ab befasste ich mich intensiv mit ebendiesem Thema. Endlich hatte ich eine Diagnose,

endlich hatte ich erkannt, ich hatte nicht zehn verschiedene, voneinander unabhängige Probleme (Cluster), die ich entweder zu kontrollieren oder zu verdrängen versuchte, sondern ein großes, das sich durch viele verschiedene Themen zeigte.

Wie ich es lösen könnte und was dann aus mir würde, das wusste ich noch nicht, aber ich hatte ein Wort, einen Ansatz! Der heranreifende Schmetterling der Heilung begann, sich selbst wahrzunehmen. Aber erst jetzt war das möglich. Ich bin sehr sicher, dass ich dieses Wort schon vorher gehört hatte. Doch es war nicht in mir angekommen, hatte nichts bewegt. Es war im Dornengestrüpp des schlafenden inneren Dornröschens hängen geblieben und gestorben, wie alle Prinzen, die zu früh versucht hatten, sich zu ihr durchzuschlagen.

Die Dinge brauchen ihre Zeit, das ist nun wirklich nichts Neues. Aber nun weißt du auch, warum. Genau jetzt, wo du erkennst, was in dir heranwächst, erkennst du auch, dass du dich bereits seit langer Zeit mit diesem Thema beschäftigst. Du liest in alten Tagebüchern sehr kluge Gedanken, die du dir bereits vor Jahren zu diesem Thema gemacht hast. Vielleicht genau die Gedanken, die du heute auch hast und die dir so brandneu vorkommen. Doch es waren kurze Geistesblitze, noch keine wirklichen, echten, gelebten und gefühlten Erkenntnisse.

Von außen betrachtet wundert man sich manchmal ernsthaft, warum jemand so lange braucht, um das Offensichtliche zu erkennen. Nun, weil es eben nur so offensichtlich aussieht. Manchmal fehlt noch ein Aspekt, es ist noch nicht komplett. Solange der Schmetterling noch nicht wirklich reif ist, zeigt er sich nicht, am wenigsten demjenigen, in dem er heranwächst. Warum nicht? Damit es nicht zu einer Frühgeburt kommt. Wenn man zu früh glaubt, zu wissen, zu was man heranreift, dann unterbricht man den Reifungsprozess und gibt den Dingen nicht den Entwicklungsraum, den sie brauchen. Denn oft genug fehlt noch ein wichtiger Aspekt, den es noch gar nicht gibt, für den wir noch nicht bereit sind oder der gerade woanders entsteht. Es ist noch nicht zu Ende durchlebt. Poetisch könnte man sagen: Die Seele hat noch nicht alle Erfahrungen mit diesem Thema gemacht, die sie braucht, damit sie, die Seele, und es, das Thema, sich nun verändern und heranreifen dürfen. Oder die Zeit ist noch nicht reif.

Mein Werdegang als Buchautorin spiegelt diesen Imago-Prozess sehr anschaulich:
Ich schrieb schon als Jugendliche sehr viel Tagebuch, das behielt ich auch im Erwachsenenalter bei. Und ich las sehr viel. Oft wurde ich, wenn ich einmal wieder in mein Tagebuch kritzelte, gefragt, warum ich keine Bücher schrieb. Ich wusste gar nicht, wie jemand auf diese Idee kommen konnte. Worüber sollte ich denn bitte schreiben – und warum? Ich las viel lieber. Was ich schrieb, das schrieb ich für mich, weil ich es bitter nötig hatte, mir selbst zuzuhören.
Eines Tages im Jahre 1992 ging es mir wirklich schlecht, ich war mitten in einer Therapie, und es kamen ziemlich viele verdrängte Gefühle an die Oberfläche. Ich wusste wirklich nicht, wie ich damit umgehen sollte, und mein damaliger Partner sagte auf einmal: »Schreib doch einen Roman darüber.« Woher diese Idee, diese Eingebung, kam, konnte er selbst nicht sagen. Und tatsächlich. Ich drehte mein Tagebuch um, schlug es von hinten auf und begann, einen Roman zu schreiben, in einem Rutsch, mit einem Bleistift. Ich würde meine erste Romanfigur mit all dem belasten, was ich in mir trug, und ihr stellvertretend für mich selbst helfen, das zu lösen. Diese Idee erschien mir genial zu sein, und das war sie auch. Der Roman war es nicht, befürchte ich, aber darum ging es auch nicht.
Die Fähigkeit, Bücher zu schreiben, schien, mir selbst völlig unbewusst, in meiner Aura geflimmert zu haben, sonst wäre ich nicht so oft darauf angesprochen worden. Als hätten andere Menschen den inneren Schmetterling schon erahnt.
Nun, die Verlage waren nicht bereit, diesem Schmetterling Schlüpfhilfe zu geben. Ich legte ihnen meinen ersten Roman vor, das schon.

Wenn ich schrieb, dann wollte ich damit auch erfolgreich werden, das stand außer Frage, warum auch immer. Ich hätte ja auch nur für mich schreiben können, aber etwas in mir hatte sich auf den Weg gemacht. Ich kam gar nicht auf die Idee, diesen Roman für mich zu behalten, dann hätte ich ja gleich einfach beim Tagebuchschreiben bleiben können. Da war etwas in mir, was nicht infrage stellte, dass ich irgendwann auch ein Buch veröffentlichen würde. Wenn nicht dieses, dann das nächste. Denn es ging weiter, ich schrieb und schrieb, insgesamt sieben Romane in sieben Jahren – die alle auf Ablehnung bei den Verlegern stießen. Da wollte etwas in mir leben, doch keiner wollte es haben, das war wirklich sehr frustrierend. Ich absolvierte ein zweijähriges Studium an einer Schreibakademie, damit jemand meine Texte las und weil ich das Romaneschreiben lernen wollte. Den Lehrgang »Sachbuch« ließ ich aus, das interessierte mich nun wirklich nicht. Ein Sachbuch würde ich niemals schreiben. Ging's noch langweiliger? Und worüber sollte ich schreiben? Romane waren das, wofür ich wirklich brannte.

Irgendwo das draußen hatte ein anderer Autor das gleiche Problem. Auch er fand keinen Verlag. Doch er legte im Gegensatz zu mir nicht einfach einen Ordner an, in dem all die Absagen lagen (ich hatte den Ordner mit Sternchen und Glitzer verziert und positive Affirmationen daraufgeschrieben), sondern er machte kurzen Prozess. Er gründete einen eigenen Verlag. Auf diese Idee wäre ich nicht gekommen, und das wäre auch heute noch nicht mein Weg. Markus Schirners Weg aber war es. Zum Glück. Ich kannte die Schirner-Buchhandlung, ich wohnte in Darmstadt, und ich war eifriger Kunde.
Heidi Schirner las einen meiner Roman, fand ihn gut, doch sagte mir, dass sie keine Romane verlegten, nur Sachbücher. Markus Schirner meinte also: »Schreib ein Sachbuch, dann machen wir das, wenn es uns gefällt.«
Da war der Verlag, aber ich hatte kein Buch! Damit hatte ich nicht gerechnet. Sachbücher. Genau das, was ich nicht wollte, mir nicht zutraute! Doch so begann es, und ich liebe es zutiefst, mein Wissen und meine Ansätze in dieser Form weiterzugeben.
Mein Wunsch, dass ein Buch von mir veröffentlicht wird, war so stark, dass ich den Unwillen, ein Sachbuch zu schreiben, der aus der Sorge heraus, ich hätte nichts zu sagen, und der Angst, nicht gut genug zu sein, entstanden war, überwinden musste. Und so ist das mit dem Imago-Prozess. Du weißt nicht, was dabei herauskommt, und manchmal stimmt die Richtung, aber der Inhalt ist noch nicht komplett. Oder andersherum. Gib dir also Zeit, und folge deinen Impulsen, ohne bereits jetzt ein Ergebnis zu erwarten. Das, was du brauchst, damit du als Schmetterling fliegen kannst, entsteht gerade – in dir, aber auch außerhalb von dir. Das gibt es noch nicht, deshalb kannst du es auch noch nicht kennen, schon gar nicht planen.

All die Menschen, die du im Außen mit ihren großartigen Erfolgen und Projekten siehst, sind durch diesen Imago-Prozess gegangen. Denke bitte daran: Du siehst nur die geschlüpften Schmetterlinge.

Die Raupen im Kokon sind unsichtbar, doch jeder musste durch diesen Prozess durch.

Oft erlebe ich Klienten, die zu mir kommen und nach der Sitzung sagen: »Endlich habe ich erkannt, was mit mir los ist, alle Therapeuten vor dir konnten mir nicht helfen.« Das stimmt natürlich nicht. Die hundert Dornröschen-Jahre sind einfach vorbei, und ich hatte das Glück, den Zeitpunkt zu erwischen, an dem sich die Imago-Fäden bilden und die völlig unbewusste Abwehrhaltung meines Klienten aufhört. »Alle anderen Therapeuten dienten dazu, Puzzlestücke zusammenzutragen und in dir Bewusstsein dafür zu schaffen, dass sich etwas in dir verändern will. Vielleicht konnten nicht einmal sie das größere Bild sehen, weil der Imago-Prozess das gar nicht erlaubte«, erkläre ich dann.

Noch ein Beispiel für einen Imago-Prozess:
Gerade heute erlebte ich einen Vortrag eines sehr klugen, sehr bekannten Sterbebegleiters. Er prangerte die Gesellschaft ziemlich an, sagte, es wäre unterdessen auch wissenschaftlich belegt, was nach dem Sterben passiert, weil es sehr viele Studien mit Hirntoten (an der Nulllinie des EEGs gemessen), die dann doch ins Leben zurückkamen, gibt. Und dass er es absolut nicht verstehen kann, warum das immer noch nicht allgemein bekannt ist und sich die Schulmedizin nicht entsprechend neu ausrichtet. Das ist aus seiner Sicht sehr verständlich. Doch Imago-Prozesse scheren sich nicht um unsere Sicht der Dinge. Die Forschungen, die in 15 verschiedenen Kliniken, unter anderem in den USA und in Österreich, stattfanden, kann man als Imago-Zellen, auch als Imago-Cluster bezeichnen. Die Ergebnisse zusammenzutragen und seine Schlüsse daraus zu ziehen, sorgt dafür, dass Imago-Fäden entstehen. Aber die Raupe ist noch verpuppt! Der Schmetterling ist noch nicht fertig und damit auch nicht für die Außenwelt sichtbar. Für diejenigen, die sich mit der Materie be-

fassen, liegen die Erkenntnisse klar auf der Hand und sind deutlich. Doch der Prozess ist noch nicht vollendet, es gibt noch kein Ergebnis, sondern nur Informationen. Es fehlt noch das Bewusstsein dafür, wie man dieses spirituelle Wissen auch den Ärzten und den Angehörigen, die sich noch nie mit spirituellen Themen befasst haben, zugänglich machen kann. Denn jeder braucht Mitgefühl, nicht nur die Sterbenden. Nicht einmal Albert Einstein akzeptierte die Theorie der Quantenphysik, obwohl sie zwingend logisch war. Es braucht Zeit, damit umwälzende Erkenntnisse ins Bewusstsein aller dringen, denn das reißt jeden aus seiner mentalen, emotionalen und spirituellen Komfortzone, egal, wie breit diese auch angelegt sein mag.

Und da stehen wir. Du erkennst auf einmal, dass du mitten in einem Sterbe- und Werdevorgang bist, aber mehr ist es im Moment noch nicht. Es gibt noch keine Entscheidungen zu treffen. In diesem Stadium ist es wesentlich, dass du dich selbst fühlst und einverstanden bist mit dem, was da in dir geschieht, dass du das, was in dir geschieht, wahrhaben willst und es einfach in dir leben lässt. Du musst es nicht immer toll finden. Vielleicht bringt es dich in Schwierigkeiten. Gib dir dennoch die Erlaubnis, dich zu verändern.
Denn all das, was du jetzt wahrnimmst und fühlst, bewirkt genau den Bewusstseinsprozess in dir, den der Schmetterling, zu dem du heranreifst, zu dieser Reifung benötigst. Achtsamkeit und Gewahrsamsein dir selbst gegenüber, mehr brauchst du im Moment nicht. Du bist noch immer in diesem Kokon. Das ist schwierig, natürlich. Sind wir es doch gewohnt, unsere Gefühle, besonders die unerwünschten, entweder zu verdrängen oder zu kontrollieren.

Warum ist es so wichtig, dass du dich jetzt selbst spürst? Und dir erlaubst, zu sein, wie du gerade bist, und alle Fragen und Bedürfnisse in dir leben zu lassen, auch wenn es dich in Schwierigkeiten bringt? In dem Moment, in dem sich die Imago-Cluster vernetzen, hört die

Immunabwehr der Raupe auf, das Neue zu bekämpfen. Dadurch bekommen die noch unbestimmten Imago-Zellen Raum, sich zu dem zu entfalten, was sie einst werden wollen – Flügelzellen, Augenzellen und so weiter. Jeder der neuen Anteile in dir braucht also die Erlaubnis, zu dem zu werden, wozu er bestimmt ist. Wenn du dich nun unbewusst weiterhin selbst bekämpfst, weil du es so gewöhnt und weil du so konditioniert bist, dann machst du es dir selbst nur unnötig schwer.

Du willst vieles lernen. Es zieht dich zu bestimmten Lehren oder Menschen hin, an bestimmte Orte, ohne dass du weißt, was du dort sollst. Die Imago-Zellen in dir beginnen, sich zu spezialisieren, und brauchen Input. Du weißt noch nicht, wie sie sich zusammensetzen.

Bei mir war es so:
Wie du weißt, sollte ich dieses Sachbuch schreiben, wenn ich in diesem Verlag ein Buch unterbringen wollte. Ich fühlte mich in keiner Weise ermächtigt, das zu tun. Aber ich ging ja in diese 12-Schritte-Gruppen! Das 12-Schritte-Programm war mir sehr vertraut, und ich fand (und finde) es genial. In meinen Augen fügt es sämtliche Aspekte des spirituellen Weges auf ideale Weise zusammen. Ich hatte also ein spirituelles Programm, das mich selbst sehr berührte, einen interessierten Verlag und den Auftrag bzw. die Möglichkeit, ein Sachbuch zu schreiben – spezialisierte Imago-Zellen, die sich jetzt zusammenfanden. Ich nahm genau diese zwölf Schritte, setzte sie für mein Sachbuch in allgemeine Lebensthemen um und gab das Manuskript ab. Nein, so stimmt das nicht. Ich schrieb es eben nicht zu Ende. Ich haderte mit dem zwölften Schritt, fühlte mich nicht befugt, darüber zu schreiben, solange ich das Programm nicht perfekt beherrschte.
Doch eine Freundin schenkte mir genau zum richtigen Zeitpunkt ein Buch, das mir Mut machte, das Ganze zu vollenden. Und so

funktioniert das. Zum richtigen Zeitpunkt bekommst du die richtigen Hinweise. Deshalb kannst du vorher nicht wissen, welcher Schmetterling aus dir heraus entstehen will.

Eine Freundin erkrankte letztes Jahr an Krebs und genas mithilfe von Operationen, schamanischer Arbeit, Geistheilung und Chemotherapie. Ihr altes Ich wurde durch diesen Prozess völlig aufgelöst, das neue entsteht gerade. Sie steckt noch fest in diesem Kokon, weiß nicht mehr, was sie will. Aber sie erkennt sehr deutlich, was in ihrem Leben echten Bestand hat und was nicht. Wohin die Reise geht – nun, sie weiß es nicht und muss es aushalten, in dieser existenziellen Unsicherheit zu leben, bis der innere Schmetterling herangereift ist. Sie ist unfassbar mutig und erlaubt sich, sich selbst bewusst in diesem unfertigen Prozess zu fühlen.
Diese völlige Unkenntnis über das, wozu du heranreifst, ist typisch und bezeichnend für diesen Prozess, und es ist äußerst wichtig, dass du dieser Unkenntnis in dir Raum gibst.
Wenn du dich jetzt zu früh auf ein Ergebnis konzentrierst, dann verpasst du womöglich genau jenen Impuls, der dich in eine viel tiefere Erfüllung führen könnte, als du es dir jetzt vorstellen kannst. Es kann dich sogar lähmen, dich bereits jetzt auf ein Ergebnis zu fokussieren. Du wunderst dich, warum sich deine Schöpfung trotz intensiver Visualisierung nur schleppend verwirklicht und einen ständigen hohen Energieaufwand erfordert. Doch du hast einfach noch nicht alle Informationen und Anteile beisammen.

Eine Klientin liebte ihren Freund, und sie liebte Italien. Er wollte hier bleiben, sie wollte dort hinziehen. Da das derzeit ein unlösbarer Konflikt war, verdrängte sie ihren Wunsch, in Italien zu wohnen, und kaufte sich stattdessen ein italienisches Auto. In einer Sitzung, wir arbeiteten mit dem leeren Stuhl, den du bereits oben kennengelernt hast, entschied sie ausdrücklich, dass sie die Dolce-vita-Liebhaberin

in sich nicht länger hinhalten und täuschen wollte, nur weil sie noch keine Lösung wusste. Sie durfte zunächst aufhören, sich ständig zwischen diesen Impulsen entscheiden zu wollen, und die ungelöste Frage in sich leben lassen.
Wir dürfen gespannt sein, wie die Evolution dieses Problem löst. Sie wird es lösen, wenn wir es nur erlauben. Das tut sie immer.

Du weißt jetzt also, dass du in einem tief greifenden Prozess bist, du bist dir darüber bewusst. Und deshalb kannst du nun aktiv für dich sorgen.

Wie, fragst du?

1. Erlaube dir, dir selbst auch unbequeme, ja, sogar ketzerische Fragen zu stellen.
Zum Beispiel: Will ich diese Ehe fortführen? Will ich überhaupt Mutter oder Vater sein? Will ich tatsächlich Tiere haben? Will ich diesen Beruf weiter ausüben? Mag ich diese Freundin eigentlich? Brauche ich wirklich dieses Auto? Wenn eine Unsicherheit, ein ungutes Gefühl in dir auftaucht, das eine Lebensfrage zur Folge hat, dann stelle sie dir. Auch dann, wenn dich eine ehrliche Antwort in Schwierigkeiten bringen würde. Das ist jetzt nicht mehr die Zeit, dir die Dinge schönzureden oder bei einer Entscheidung, die du einmal getroffen hast, zu bleiben, obwohl sie nicht mehr zu dir passt. »Aber wie soll ich …?«, fragst du. Das weiß ich nicht. Und das brauchst auch du nicht zu wissen. Sei einfach nur ehrlich, damit dir das Leben die Karten neu mischen und austeilen kann. Es ist nur ein Übergang, es gilt noch nicht, eine äußere Entscheidung zu treffen. Es ist vielleicht nur eine Zellart in dir, ein Aspekt, der diese Frage stellt. Seine Antwort muss mit in den entstehenden Schmetterling einfließen dürfen. Sagt dieser neue Aspekt Nein zu etwas, was du in dein Leben hineingewebt hast, dann darf er das. Für ihn wird es

eine Lösung geben, aber nur, wenn du ihm zuhörst. Der Schmetterling entsteht aus dem inneren Sowohl-als-auch heraus, nicht aus dem Entweder-oder. Er ist größer als das, was du bisher kennst. Heute erlaube dir einfach nur, die Fragen in dir leben zu lassen. Es gibt noch nichts zu tun. Deshalb kannst du dir erlauben, so ehrlich zu sein, dass es schmerzt.

2. Lasse ausdrücklich deine bisherige Idealvorstellung von dir selbst los.

Sie ist überholt und hindert dich nur an deiner Entfaltung. Du hast sie dir erschaffen, um deine Angst in Schach zu halten. Das Idealbild entsteht meistens aus den offenen und verdeckten Ansprüchen der Eltern, ja, sogar der Ahnenlinie, der sozialen Umgebung, der Gesellschaft, in der du lebst oder aus der du kommst. Es dient dazu, dir Angst und Kummer vom Leib zu halten. Und das darf es auch. Doch es gibt etwas Besseres, nämlich dein wahres Ich, zu dem du immer wieder neu heranreifst, das sich mehr und mehr entfaltet. Stelle dir nur einmal vor, die Raupe versucht, die beste, schönste, schlankste, klügste und heiligste Raupe zu werden, die sie nur sein kann. Sie visualisiert sich im Kokon als ideale Raupe, mit weichen, samtigen Härchen, schillernd, geschmeidig, blitzschnell, damit sie nicht als Vogelfutter endet. Oder sie stellt sich vor, dass sie in unbegrenzter Fülle lebt, und imaginiert sich einen immerwährenden Vorrat an grünen Blättern. Nun, als Schmetterling könnte sie mit all diesen Raupeneigenschaften und dem Blättervorrat nicht viel anfangen … du verstehst.

Dazu eine kleine innere Reise. Führe sie bitte in der nächsten Zeit immer wieder durch, denn es ist fast unmöglich, sich nicht immer wieder ein Idealbild von sich selbst zu gestalten. Mache das ruhig. Erlaube deinem Unbewussten und auch deinem Inneren Kind, das Angst hat, verlassen zu werden, dein perfektes, den Ängsten und Vermeidungsstrategien angepasstes Ich in Gedanken auszuformen. Du kannst das nicht vermeiden. Und dann lasse es wieder los. Lasse sogar die Idee los, du müsstest perfekt und immer lächelnd diesen Imago-Prozess überstehen. Musst du nicht. Gehe einfach weiter, egal, wie du dabei aussiehst und daherkommst.

Innere Reise

DEIN (ANGEPASSTES) IDEALES ICH LOSLASSEN

Entspanne dich, es gibt nichts mehr zu tun. Du darfst die Kontrolle über dich einmal loslassen, dich einfach so sein lassen, wie du gerade bist, egal, ob es dir gefällt oder nicht. Gehe in deiner Vorstellung durch ein Tor, das du schon kennst oder das gerade jetzt neu entsteht. Das Tor führt dich in eine zauberhafte innere Landschaft, in der du dich gut ausruhen kannst.

Du gehst ein wenig spazieren, kommst noch tiefer in dir an. Ja, spürst du, da gibt es einige Unruhen in dir, aber du kannst gut damit in Frieden sein. Die Dinge werden sich regeln, wenn du ihnen in dir Raum gibst. Das spürst du in deiner inneren Landschaft sehr genau. Ein wundervoller, vertrauenerweckender Baum steht in deiner Nähe, und du gehst auf ihn zu. Es ist dein Lieblingsbaum, und du fühlst dich, als kämest du nach Hause. In seinem Wurzelwerk kannst du sehr bequem Platz nehmen, und das tust du auch. Du lehnst dich an den Stamm und erlaubst dir, alles in dir zu bewegen, zu nähren, zu hüten, auch das, was sich noch nicht deutlich zeigt. Du erlaubst dir, dich unsicher zu fühlen und noch nicht zu wissen, was du willst, und doch schon ziemlich genau zu spüren, was du nicht mehr willst. Deutlich erkennst du, dass du dir manchmal selbst im Weg stehst, dass es einen Teil in dir gibt, der gefallen will, angepasst sein möchte, es anderen recht machen will, um nicht ausgestoßen zu werden. Du lächelst diesem Anteil in dir zu, auch er darf sein, wie er ist. Du spürst aber, dass du ihm nicht mehr zu folgen brauchst. Auf einmal erkennst du, du trägst eine Art Gewand, das dich nach außen hin so zeigt, wie du glaubst, sein zu müssen. Mühelos streifst du dieses Gewand ab. Du legst es zwischen die Baumwurzeln, und es löst sich auf, wird zu Erde. Du lehnst dich wieder gemütlich an den Stamm – und erkennst, es gibt ein zweites Gewand unter dem, das du gerade abgestreift hast. Es ist das Gewand, das du trägst, um dir selbst zu gefallen. Du hast alles hineingewebt, was du von dir erwartest. Alle Bedingungen, die du an dich stellst, damit du dich anerkennen und akzeptieren kannst, sind darin enthalten. Streife bitte auch dieses Gewand ab. Das fällt dir womöglich nicht ganz so leicht, tue es dennoch. Wenn es irgendwo an dir hängen bleibt, dann schneide es entzwei. Lege auch dieses Gewand zwischen die Wurzeln, die Erde nimmt es in sich auf. Für die Erde ist das alles einfach nur Energie. Lehne dich wieder an den Stamm, und ruhe dich aus.

Während du dich entspannst und deiner neuen Freiheit nachspürst, erkennst du, dass es eine dritte Schicht gibt: jene Schicht, die du so verzweifelt zu verbergen versuchst. Du trägst ein drittes Gewand unter all denen, die du abgestreift hast. Es zeigt dein negatives Selbstbild, das, was du von dir glaubst. Es enthält alle Verurteilungen, alles Negative, das man dir über dich erzählt hat. Erlaube dir bitte, dieses dritte Gewand zu erkennen und zu spüren. Das bist nicht du. Es ist gewebt aus all dem, was du an Schmerzlichem über dich glaubst. Streife bitte auch diese Schicht ab. Kannst du das nicht alleine, so bitte jetzt Helfer zu dir, Krafttiere, die diese Schicht abnagen oder abfressen, Engel, die dich unterstützen. Gib nicht auf, bis du auch diese Schicht abgestreift hast. Es darf natürlich auch ganz leicht gehen.
Irgendwann hast du es geschafft. Auch diese Schicht wird zu Erde oder löst sich auf andere Weise auf.
Ruhe dich nun aus, und nimm dich selbst wahr. Wer bist du, wenn all diese Schichten weg sind? Vielleicht weißt du es im Moment nicht, und das ist gut so. Bleibe bei dem Baum sitzen. Wenn es nun noch etwas gibt, was du loslassen darfst, dann fließt es ganz sanft aus dir hinaus, einfach so, als würde es der Baum aufsaugen.
Nach einer Weile strömt Energie aus dem Baum und aus seinen Wurzeln in dich ein. Das stärkt dich und erlaubt dir, dich selbst zu spüren. Auf einmal bemerkst du zwischen den Wurzeln ein neues Gewand, ein sehr leichtes, lichtvolles. Du streifst es über, und es beschützt und nährt dich, stärkt die Anteile in dir, die Kraft brauchen und gesehen werden sollen. Du bist dir bewusst, dass du dieses Gewand jederzeit mit Leichtigkeit wieder ausziehen kannst, wenn du es nicht mehr brauchst oder wenn etwas Neues ansteht.
Stehe auf, wenn du so weit bist, und komme durch dein Tor zurück in den Raum, in dem du dich befindest. Der Baum wartet auf dich und ist mit seiner Kraft jederzeit für dich da.

3. Sei dir selbst ein guter Freund.
Selbstliebe ist ein großes Thema. Statt dich selbst lieben zu lernen, ist es viel hilfreicher zu üben, eine liebevolle, gute Beziehung zu dir selbst zu pflegen. Und das bedeutet in erster Linie, zu dir zu stehen. Nicht, dich durchzusetzen, sondern dich selbst auch in Situationen, in denen du dich nicht gut fühlst und deine Gefühle oder die Botschaften deiner inneren Stimme gar nicht spüren möchtest, nicht zu verlassen. Wie verlässt man sich selbst? Indem man die eigenen Gefühle verurteilt, manipuliert, sich ablenkt oder sie erst gar nicht fühlen will. Gefühle aber sind emotionale Botschaften.

Ein Beispiel:
Du fühlst dich wegen irgendetwas überfordert, schämst dich oder bist wütend. Diese Gefühle gefallen dir nicht. Du redest sie dir aus, erklärst dir selbst, dass du dich gar nicht so zu fühlen brauchst, weil … Du coachst dich selbst, indem du dir Vernunftgründe überlegst, warum du dich besser fühlen dürftest und auch solltest. Oder aber du lenkst dich ab, isst, rauchst, putzt deine Wohnung oder versuchst, dich selbst aufzumuntern. Das ist alles gut gemeint. Aber nicht hilfreich.
Wie würdest du dich fühlen, wenn du deiner Freundin von einem Problem erzählst und sie dir ständig versucht zu sagen, dass deine Gefühle falsch sind? Oder wenn sie dir dauernd Verhaltensvorschläge macht, statt dir Raum zu geben? Sicherlich eher unverstanden als unterstützt.

Dir selbst ein guter Freund zu sein heißt, dir selbst bewusst Raum zu geben für das, was ist, und dir zuzuhören. Für einen Mann kann es sehr wichtig sein, sich selbst »Was will ich jetzt tun?« zu fragen und das dann auch zu machen. Tue das für dich, was du dir von einem wirklich guten Freund erhoffen würdest.

Für eine Frau kann es wichtig sein, sich »Was fühle ich?« zu fragen und sich selbst damit in den Arm zu nehmen, weiterzuatmen, die Gefühle zuzulassen, sie aufzuschreiben … Gib den Gefühlen in dir Raum, egal, ob sie dir gefallen oder nicht.

Warum ist das so wichtig? Du hast Schöpferkraft. Du kannst in jedem Moment entscheiden, die Dinge zum Guten zu wenden, und sei es, indem du deine Schutzengel um Hilfe bittest. Deine Schöpferkraft wohnt tief in deinem Bauch, wenn du eine Frau bist, im Solarplexus, wenn du ein Mann bist: der weibliche, schöpferische Schoßraum und das männliche Feuer der Tatkraft. Doch du kannst deine Kraft nur anwenden, du hast nur Zugriff auf sie, wenn du anwesend bist! Spaltest du dich von dir selbst ab, willst du mit dir selbst nichts zu tun haben, dann wendest du dich auch von deiner Schöpferkraft ab. Du verschwindest in den Kopf, flüchtest dich in die Kontrolle, deine Energie zieht sich aus dem Körper zurück. Du atmest flacher und denkst eine Menge, versuchst, die Dinge in dir durch Gedankenkraft zu regeln. So funktioniert das aber nicht, außer, es sind bewusste, schöpferische Gedanken. (»Ich bitte genau jetzt meine inneren Kräfte und meine spirituellen Führer um Hilfe« ist zum Beispiel ein äußerst schöpferischer Gedanke.)

Doch niemals dürfen Gedanken dazu dienen, dir deine Gefühle abzusprechen. Das wäre anmaßend. Nimm wahr, was du fühlst, nimm es ernst. Es ist ein wichtiger Hinweis darauf, ob du in einer Situation bleiben solltest oder nicht, ob sie dir guttut oder nicht. Rede dir auf keinen Fall deine Wahrnehmungen aus, auch nicht die mentalen. Denn manchmal hast du keine besonderen Gefühle, sondern klare, zwingende Gedanken, mentale innere Botschaften, die dir immer wieder das Gleiche sagen. Auch diese inneren Botschaften kommen aus dem Bauchraum und werden von hier aus ins Gehirn geschickt. Du hörst sie nicht, wenn du dich von dir selbst abwendest und dich beschwichtigst oder ablenkst. Vielleicht haben sie recht, höre ihnen unbedingt zu. Hinterfrage sie aber bitte so:

Worum geht es wirklich?
Was ist es genau, das mich so wütend oder ärgerlich macht? Welcher Anteil in mir wird berührt?
Und was braucht dieser Anteil?

Du kannst jederzeit die Übung mit dem leeren Stuhl machen, die du weiter oben kennengelernt hast. Setze dir selbst einfach den Anteil gegenüber, der dieses Gefühl oder die innere Botschaft hat, und höre ihm zu. Rede ihm das Gefühl oder die Botschaft nicht aus. Beschwichtige ihn nicht, frage stattdessen, was er braucht. So, wie du dir das von deinem Vertrauten wünschst.

Ein konkretes Beispiel:
Die Arbeitskollegen einer Klientin entschieden, dass sie den diesjährigen Betriebsausflug als Fahrradtour gestalten wollten. Sie setzten voraus, dass jeder mitkam, auch meine Klientin. Doch diese fuhr nicht gern Fahrrad, weil ihr Gleichgewichtssinn durch eine frühere Ohrerkrankung in Mitleidenschaft gezogen worden war. Sie fühlte sich beim Fahrradfahren einfach nicht sicher. Sie sagte zwar, dass sie nicht mitkommen wollte, doch die Kollegen lachten nur und rieten ihr zu trainieren. Also begann sie zu üben und glaubte, sie täte sich damit etwas Gutes. Doch sie konnte es wirklich nicht gut, und vor allem machte es ihr schlichtweg keinen Spaß. Sie versuchte, sich selbst zu motivieren, und redete sich ein, Fahrradfahren wäre doch toll. Letztlich aber wollte sie es einfach nur den Kollegen recht machen. Sie kam in ein Seminar zum Thema Selbstliebe und meinte: »Mir hört keiner zu. Wenn ich sage, ich will aber nicht mitkommen, dann nehmen sie mich nicht ernst.« Dabei schob sie die Unterlippe vor wie ein trotziges Kind.
»Komme erst einmal aus der Opferhaltung raus«, forderte ich sie auf. Das klang nicht besonders freundlich, aber sie kannte ihre Muster gut. Dann fragte ich sie, ob sie denn wirklich mit Nachdruck und

Entschiedenheit gesagt hätte, dass sie nicht mitkommen wird, und ob sie sich selbst glaubte. Sie sagte, dass sie das schon kannte, dass sie ihr Nein spürte, sich dann aber doch in genau der Situation wiederfand, in der sie nicht sein wollte.

Was geschah also? Sie spaltete sich von sich selbst ab, wollte mit dem inneren Nein zum Betriebsausflug nichts zu tun haben, weil es sie in Schwierigkeiten brachte, und zwar in mehrfacher Hinsicht. Erstens mochte sie es nicht, überhaupt Nein sagen zu müssen. Schon die Frage, ob sie mit Fahrrad fahren wollte, war für sie eine Zumutung. Zweitens wusste sie, dass sie ihr eigenes Nein nicht ernst nahm und die ungeliebte Handlung dennoch ausführen würde. Sie wusste, dass sie sich selbst im Stich ließ. Also versucht sie, dieses Nein in ein zähneknirschendes Ja zu verwandeln, statt ihm wenigstens Raum zu geben.

»Nun, das ist noch nicht weiter tragisch«, sagte ich. »Das passiert. Und was machst du dann?«

»Ich motiviere mich und sage mir und meinem Inneren Kind, dass es doch gar nicht so schlimm ist. Ich gebe mir selbst Kraft, um durchzuhalten«, sagte sie.

»Und hältst du das für sinnvoll?«, fragte ich zurück. Ich kann ganz schön nervig sein.

»Na ja«, meinte sie, »ich kann doch nicht weiter leiden, oder?«

»Nein«, entgegnete ich, »aber du kannst an irgendeiner Stelle endlich dieses Nein sagen, egal, an welcher. Wenn du spürst, du bist unglücklich, dann rede dir die Situation nicht schön, sondern beende sie, egal, wann. Du manipulierst dich sonst. Du kannst jederzeit von dem Rad absteigen. Natürlich ist das unpraktisch, wenn du gerade mitten in der Pampa bist, aber das ist man in Deutschland ja eher selten. Die Hauptsache ist, dass du an irgendeiner Stelle endlich deine Wahrheit nicht nur sagst, sondern auch lebst. Meine Idee ist: Verkaufe das Ding auf der Stelle. Dann kommst du nicht mehr in Versuchung.« Wir lachten. Ab und zu führe sie schon ganz gern, meinte sie, aber nur so lange, wie sie es selbst wolle.

Was wäre anders, würde sie dem Nein in ihr Raum geben? Wenn sie sich selbst schon nicht abgrenzen konnte, könnte sie zumindest um Hilfe bitten, sei es ihre Schutzengel, sei es ihre eigene Kraft, sei es einen Freund, der sie aus der Situation rettet.

»Was also wirst du tun?«, fragte ich sie.

»Ich werde, wenn meine Kollegen wieder von dem Ausflug anfangen, deutlich Nein sagen«, erwiderte sie entschieden und stolz.

»Nein!«, schrie ich. Ich kann wirklich nervig sein. »Dann machst du dich ja nur wieder zum Opfer. Wie fühlt sich das denn für dich an, wenn du nun darauf wartest, dass sie das Thema ansprechen?«

Sie verstand wirklich nicht, dass sie schon wieder ihre Selbstbestimmung aus der Hand gab, so stark wirkte ihre Vermeidung.

»Ach so, ja«, meinte sie, »hm, nicht so gut.«

»Also, was machst du?«, fragte ich freundlich und ganz bestimmt kein bisschen manipulierend.

»Ich sage, dass ich nicht mitfahre.«

»Wann?«, fragte ich.

»Morgen«, sagte sie.

Brav. Natürlich sagte sie das nur, weil ich es hören wollte. Statt den Kollegen machte sie es nun mir recht.

Deshalb sagte ich: »Schau, es ist einfach sehr taktlos, wenn deine Kollegen dein Nein, und sei es noch so zaghaft, nicht hören. Denn sie wissen nicht, welche Gründe du hast. Es könnten ja auch sehr schmerzhafte Gründe sein, oder? Du brauchst dich nicht durchzusetzen und zu kämpfen. Sage einfach noch einmal Nein. Und mache dir klar, dass es schlichtweg unhöflich ist, wenn dieses Nein nicht kommentarlos anerkannt wird. Du brauchst dich weder zu rechtfertigen noch zu erklären.« Zumal sie ja aufgrund dieser Ohrengeschichte wirklich nicht gut Rad fahren konnte. Sie verstand, dass sie nicht »schuld« war, weil sie sich nicht durchsetzte, sondern dass durchaus auch ihre Kollegen, soweit ich das anhand ihrer Sicht der Dinge beurteilen konnte, ihren Anteil trugen. Und dass sie ihrem zaghaften Nein nicht viel hinzufügen musste, sondern es einfach selbst ernst nehmen durfte.

Und so funktioniert es, sich selbst beizustehen. Es bedeutet, dass du deine Gefühle nicht wegmanipulierst, sondern dass du dir mit dem, was gerade ist, nahe bleibst. Warum ist das noch einmal wichtig? Damit du handlungsfähig bleibst. Nur wenn du anwesend bist, kannst du agieren, wobei agieren eben auch bedeuten kann, innerlich still um Hilfe zu bitten.

Aber wie macht man das? Nun, da gibt es diesen inneren, sehr emotionalen Anteil, der nie gehört und für das, was er fühlte, beschämt wurde. (Meistens ist es das Innere Kind, aber nicht immer und nicht nur.) Also zog er sich zurück, agiert nun aus dem Verborgenen heraus und gibt dir vage Hinweise, wie er sich fühlt: durch Unwohlsein, ein ungutes Gefühl, einen unerklärlichen Widerstand, durch Verweigerung, durch etwas, was du dir schon sehr lange sehnlich wünschst, dir aber aus sogenannten Vernunftgründen ausredest.

(Am Rande: Wie vernünftig soll das sein, dir einen echten Herzenswunsch auszureden? Meistens ist es in keiner Weise die Vernunft, die hier agiert, sondern schlichte, entschuldige bitte, anerzogene Einfallslosigkeit und Engstirnigkeit. Das Leben ist unermesslich komplex. Es wird eine Lösung für dich finden, wenn du mit ihm zusammenarbeitest, statt zu scheuen und zu verweigern.)

Oder dieser Anteil macht sich dadurch bemerkbar, dass dir immer wieder der gleiche Gedanke durch den Kopf geht, ja, sogar dadurch, dass dir immer wieder die gleichen Dinge geschehen. Dieses Fühlen gibt dir, wenn du zuhörst, wichtige Hinweise darauf, wie sich dein Lebensweg gestalten will. Erinnerst du dich an das Topfschlagen aus deiner Kindheit? Und erinnerst du dich an deine Helfer bei diesem Spiel? Meistens war es eine schreiende Kinderschar. Sie dirigierten dich, damit du diesen Topf fandest, durch die Worte »kalt«, »warm«, »heiß«. Die Süßigkeiten unter dem Topf sind deine Ziele, seien sie dir bewusst oder nicht. Das Leben hält massenhaft wundervolle Geschenke für dich bereit. Die Hilfen, diesen Topf auch zu finden, sind deine Gefühle. Nun könnte man sich fragen: Warum sind diese Geschenke versteckt, und warum bekommt man überhaupt die Augen verbunden? Nun ja, das Topfschlagen und auch das Leben sind Spiele – Spiele, die dein Bewusstsein formen und ausbilden. Du musstest damals darauf vertrauen, dass dir die Helfer die Wahrheit sagten, wenn sie dich mit den Worten »kalt«, »wärmer«, »kälter« etc. führten. Und das Gleiche gilt auch heute. Das Leben führt dich. Höre ihm zu, und vertraue seiner Führung. Dieses ganz tiefe Bauchgefühl ist ein hervorragender Ratgeber. Glaube dir, egal, ob dir jemals jemand etwas geglaubt hat. Du selbst darfst die Entscheidung treffen und dir die Erlaubnis geben, dir zu glauben.

Warum fällt uns das so schwer? Weil es bedeutet, dass du die volle Verantwortung für deine Entscheidungen übernimmst. Du entscheidest dich, dem Leben zu vertrauen und entsprechend zu handeln. Du hast aber keine Garantie dafür, dass alles gut geht. Für die Folgen musst du auch geradestehen. Aber so geht das nun einmal mit der Selbstbestimmung. Woher wissen wir, dass uns die Folgen eines sogenannten Fehlers nicht zum nächsten Topf führen? Oftmals sind Fehlschläge nur Puzzleteile für ein größeres Geschenk, das in Einzelteile zerlegt unter verschiedenen Töpfen für uns verborgen liegt: das Geschenk der Erkenntnis, des inneren Wissens und des Mitgefühls.

4. Habe die Fragen lieb.

Du befindest dich in einem Prozess, den sich nur wenige Menschen bewusst zu fühlen erlauben – du weißt nicht, was aus dir wird, und du entspannst dich genau in dieses »Ich weiß es nicht« hinein. Zumindest ist das der Plan. Vermutlich entspannst du dich für eine halbe Minute, dann schmiedest du wieder Pläne und versuchst herauszufinden, was der nächste Schritt für dich ist. Das ist löblich, heißt es doch, du willst dein Leben bewusst gestalten. Doch im Moment ist »wissen wollen, was der nächste Schritt ist« eine wenig hilfreiche Kontrolle. Ich kann dir sagen, was dein nächster Schritt ist. Genau dieser hier: Entspanne dich. Es ist alles gut. Du weißt nicht, was geschieht, und das ist gut. Du brauchst es auch nicht zu wissen. Du weißt aber, und das ist großartig, dass etwas geschieht, dass du im Kokon steckst und dass du neue Fähigkeiten oder eine neue Art, zu leben, die Dinge zu betrachten und mit dir selbst umzugehen, ausformst. Rilke sagt so herrlich in einem Brief, in dem es um die Frage geht, ob ein junger Dichter den Weg des Künstlers oder den Weg des Soldaten einschlagen soll, über die Kunst:

Ich möchte Sie, so gut ich es kann, bitten,
Geduld zu haben gegen alles Ungelöste in Ihrem
Herzen und zu versuchen, die Fragen selbst
lieb zu haben wie verschlossene Stuben und Bücher,
die in einer sehr fremden Sprache geschrieben sind.
Forschen Sie jetzt nicht nach den Antworten,
die Ihnen nicht gegeben werden können,
weil Sie sie nicht leben könnten.
Und es handelt sich darum, alles zu leben. Leben Sie
jetzt die Fragen. Vielleicht leben Sie dann
allmählich, ohne es zu merken, eines fernen Tages
in die Antworten hinein.
(Auszug aus »Briefe an einen jungen Dichter«)

Besser kann man es nicht ausdrücken, deshalb ist dieser (von einem unbekannten Verfasser bearbeitete) Teil des Briefes so bekannt. Aber wie, fragst du, wie kann ich wissen, ob ich mich einfach einmal wieder im Stich lasse und meinen Weg nicht gehe oder ob ich tatsächlich im Kokon ruhe und den Dingen ihren Raum gebe?

Und was machst du, wenn du befürchtest, deine Pläne, die sich bereits jetzt abzeichnen, scheitern am Geld? Oder du spürst, du wirst in Schwierigkeiten geraten, zum Beispiel mit deinem Partner, deinen Eltern, deinen gesamten Lebensumständen? Neue Pläne, Schmetterling, alles schön und gut, aber all das will ja auch finanziert werden, denkst du vielleicht, weiß die überhaupt, wovon sie redet? Ich weiß das natürlich, und auch ich habe immer wieder Angst und Zweifel, wenn ich erlebe, dass sich mein Leben verändern oder erweitern will. Woher das Geld nehmen, um diese Veränderungen zu finanzieren, die Zeit, die Kraft, den Mut, die Fähigkeiten? Was, wenn ich mich selbst überschätze?

Es gilt wie immer in diesem Prozess, sich selbst genau zuzuhören. Denn dir selbst und dem Leben vertrauen lernen kannst du nur, wenn du hinhörst. Wenn du dir inneren Stimmen und der äußeren Anzeichen auch gewahr wirst. Es gibt auf alles eine Antwort, das Leben findet eine, das tut es immer. Es will mit dir kommunizieren, es will sich durch dich ausdrücken, deshalb gibt es dir Hinweise. Es entwickelt dir maßgeschneiderte, einzigartige Lösungen, die deutlich besser sind als das, was du dir allein ausdenken kannst. Das ist der Zauber der Evolution, ich kann es nicht oft genug sagen, damit du es glaubst und darauf vertraust. Aber nur, wenn wir dem Leben Raum und eine Chance geben.

Deshalb hier eine Erinnerung an zwei Praktiken, ich habe sie dir weiter oben schon vorgestellt. Es nützt dir nichts, wenn ich dir zehn verschiedene Übungen gebe, die du alle vergisst. Übe eine oder zwei, und wende sie an, das aber regelmäßig.

Übung STELLE DEM LEBEN DEINE FRAGEN

Technik: Der leere Stuhl

Wie du es schon kennst, stelle bitte zwei Stühle einander gegenüber. Auf dem einen sitzt du. Stelle dir nun bitte vor, auf dem anderen sitzt das Leben selbst, mit all seinen Möglichkeiten und Antworten. Das klingt sehr allgemein, aber das ist es nicht. Mit »das Leben selbst« ist gemeint: alles, was dich ausmacht, deine Lebenskraft und alles, was durch dich gelebt werden möchte, auch das, was noch nicht entfaltet ist.

Setze dich zuerst auf den Stuhl, der dich repräsentiert. Nimm wahr, wie es dir geht, wie du dich fühlst, was du vom Leben wissen willst. Was befürchtest du? Schreibe dir das auf, damit du es nicht vergisst. Und sei dabei ganz ehrlich. Erlaube dir, deine Fragen wirklich zu stellen, sie sind wichtig für deinen Prozess. Die wichtigsten

Fragen sind die, für die du schon Antworten zu haben glaubst. Vor allem dann, wenn die Antwort ein Nein ist. Bist du sicher, wirklich sicher, dass dieses innere Nein nicht nur eine Vermeidungshaltung ist? Unsere innere Schmerzvermeidung ist sehr trickreich, sie hat die scheinbar vernünftigsten Argumente. Das ist ihre Aufgabe. Doch sie bezieht die Evolution nicht mit ein, das kann sie nicht. Verweigerung dient nun einmal dem Erhalt des Status quo, nicht der Veränderung. Das kann sehr sinnvoll sein, aber nicht immer. Und nur an den richtigen Stellen. (»Nein, ich erlaube diesem Feuer nicht, dieses Haus zu verbrennen« ist ein vernünftiges Nein. »Nein, ich ziehe nicht an die Nordsee, was sollen denn meine Eltern von mir denken, und das wird sowieso nichts …« ist ein sehr unvernünftiges Nein, wenn du es nicht wenigstes einmal überprüft hast. Das Herz wird dir schmerzen, wann immer du an dieses Nein denkst.) Die Fragen also, deren Antworten du schon zu kennen glaubst und die dir in der Seele wehtun, solltest du dem Leben unbedingt noch einmal zur Überprüfung vorlegen. Fasse dir ein Herz, und schreibe sie auf, auch wenn du damit eine alte Sehnsucht aufwühlst. Die Zeiten haben sich geändert, und du bist selbst in einem großen Veränderungsprozess. Vielleicht gibt es heute andere Antworten. Manchmal ändern sich auch die Fragen selbst.
Außer dieses innere Nein ist das Ergebnis eines anderen, vermutlich qualvollen Imago-Prozesses. Dann lasse es bitte ruhen.

Was meine ich damit? Du hast zum Beispiel eine schmerzhafte Trennung hinter dir, und du weißt ganz sicher, dieser Partner tut dir nicht gut. Dein Nein zu ihm tut dir im Herzen weh, und doch spürst du, es ist richtig. Dann stelle dieses Nein nicht hoffnungsvoll und wider besseres Wissen infrage. Sinnvoll aber wären diese Fragen ans Leben: Was sollte ich hier lernen? Worum ging es wirklich? Und wie komme ich in Frieden mit diesem Schmerz und diesem Verlust?
Deine Fragen also. Eine sehr kluge Frage, die du dem Leben stellen kannst, die klügste vielleicht, ist diese hier: Wie kann ich dir, Leben,

dienen? Wenn du deine Liste beisammen hast, dann wechsle den Fokus. Sowohl den Fragenkatalog zu erstellen als auch das Wechseln des Fokus kann ein wenig Mühe machen. Mache dir bitte diese Mühe. Setze dich nun also auf den Stuhl dir gegenüber, auf den Platz des Lebens. Atme, lasse dir Zeit. Und nun erlaube bitte dieser Energie, dich zu erfüllen. Lasse dich wirklich darauf ein, stelle das, was du wahrnimmst, nicht gleich infrage, sondern glaube dir und deinen Wahrnehmungen. Welche Antworten spürst du auf diesem Platz? Vielleicht vernimmst du ein Gefühl von Frieden und Ruhe, vielleicht gibt es deutliche Ansagen, die sich wie klare Gedanken in deinem Kopf anhören. Glaube dir. Und schreibe bitte auf, was du hier wahrnimmst, oder sprich es in ein Diktiergerät. Es kann sein, dass du die Informationen und Ahnungen schnell wieder verlierst, wenn du aufstehst. Dieser Platz steht stellvertretend für ein anderes Bewusstsein als dein übliches. Deshalb kann es passieren, dass du dir selbst nicht mehr glaubst oder nur noch eine vage Erinnerung an deine Wahrnehmungen hast, wenn du den Platz wieder verlässt. Zensiere deine Wahrnehmungen bitte nicht. Egal, was du hier fühlst und erfährst, es ist richtig und gut. Lasse die Schere im Kopf in ihrem Etui.

Wenn deine Fragen beantwortet sind (auch das Gefühl von Frieden ist eine Antwort), dann stehe auf, und setze dich noch einmal auf deinen Platz, den, der für dich steht. Wie geht es dir jetzt? Bist du ruhiger, entspannter? Befriedigen dich die Antworten, selbst wenn sie dir nicht immer gefallen? Spürst du eine tiefe Entspannung im Bauch, ein Aufatmen, ein »Ich wusste es«? Lasse dir helfen, wenn du diese Übung nicht so gut alleine machen kannst, das braucht ein wenig Training. Aber weil sie so effektiv und so einfach im Sinne von schlicht ist, möchte ich dich wirklich bitten, sie auszuprobieren.

Wenn du noch Fragen hast oder eine Frage noch nicht im Detail beantwortet ist, dann stelle sie dem Platz gegenüber noch einmal, in Gedanken oder auch laut. Du kannst so tun, als säße da wirklich das Leben selbst. Rede mit ihm. Und dann wechsle wieder den

Platz. Oftmals, zumindest erlebe ich das so, sind die Antworten in Schichten aufgeteilt, sie kommen stückweise, Aspekt für Aspekt. Manches aber ist vielleicht auch noch nicht reif für eine Antwort, weil es noch nicht entwickelt ist. Dann wird dir auch das mitgeteilt. Du erinnerst dich an die Geschichte mit meinem Verlag? Hätte ich zu früh nach dem richtigen Verlag gefragt, wäre keine Antwort gekommen, weil es ihn noch gar nicht gab. Ich hätte mich mit einem »Das kommt zur richtigen Zeit« zufriedengeben müssen. Akzeptiere also bitte eine solche Antwort, sie ist manchmal genau die richtige. Tust du das nicht, dann gerätst du in eine Kontrollschleife, die verständlicherweise deine Angst vor Veränderung beschwichtigen will. Da gibt es aber etwas, was dir besser hilft. Nämlich:

Übung

ERMUTIGUNG UND SELBSTVERTRAUEN ERFAHREN

Technik: Der leere Stuhl

Es gibt vermutlich einen Teil in dir, der große Angst vor all den Veränderungen hat und der Sicherheit braucht. Das ist vollkommen verständlich. Es gibt aber auch einen Teil, der eben keine Angst hat und der weiß, dass alles gut wird. Doch, doch, den gibt es, da bin ich ganz sicher. Und den stellen wir dir nun gegenüber.

Stelle dir nun also bitte vor, dir gegenüber sitzt der Aspekt von dir, der in sich ruht und weiß, dass alle Veränderungen zu deinem Besten sind, dass du sie meistern wirst. Du brauchst ihm im Moment noch keine Fragen zu stellen, wichtig ist, dass du ihn zunächst erst einmal erlebst. Setze dich nun auf den Platz dir gegenüber. Sprich alles laut aus, was dir auf diesem Platz einfällt. Dieser Anteil in dir weiß, was du brauchst, er weiß auch, dass du dich entwickelst und in die Veränderung hineinreifst. Bestimmt hat er eine Botschaft für dich, die dir Mut macht.

Dazu ein Beispiel:
Ich lerne gerade, wie gesagt, reiten, und das macht mir Angst. Ich habe zwar ein ganz gutes Körpergefühl, aber ich gebe nicht gern die Kontrolle ab. Und schon gar nicht bin ich es gewöhnt, mich tragen zu lassen. Bodenarbeit ist also kein Problem, aber das Draufsitzen macht mir zu schaffen, und ich brauche viel Zeit, um mich wirklich sicher zu fühlen und all diese Gefühle auch zu verarbeiten.
Setze ich mich aber in der Übung auf den Platz, der weiß, dass alles gut ist, dann sagt er mir Folgendes: »Für dich ist genau diese Art zu lernen richtig. Die Beziehung zum Pferd ist für dich wichtiger als das Reiten, deshalb achte sehr genau auf deine Wahrnehmungen und auf dich selbst. Es geht nicht darum, eines Tages Wunder wie gut reiten zu können. Du wirst immer sicherer, je inniger und vertrauter du mit dem Pferd bist. Deine Sicherheit fußt auf deiner inneren Verbindung mit dem Tier, nicht so sehr auf deiner tatsächlichen Reitkunst. Die innige Bindung, die du zu dem Tier herstellst, ist deine Reitkunst.«
Das beruhigt mich sehr. Es ist, als kenne mich dieser innere Anteil besser als ich mich selbst. Denn genauso ist es.

Erlaube also diesem inneren Anteil, der keine Angst hat, sondern sich selbst vertraut, dir Mut zu machen. Möglicherweise ermahnt er dich auch, falls du vor einem Entwicklungsschritt zurückscheust. Ganz sicher aber ermutigt er dich weiterzugehen. Du darfst dir Zeit lassen. Die Dinge entfalten sich in dir und um dich herum auf ihre einzigartige Weise und in ihrem Tempo.

Außerdem möchte ich dir hier eine innere Reise anbieten, während derer du erneut den Helfer rufst, den du bereits gefunden hast (siehe Übung »Die Raupe in dir kennenlernen«, S. 37). Er hat sicher wichtige Nachrichten und Botschaften für dich, das ist ja seine Aufgabe.

Innere Reise

DAS INNERE DES KOKONS

Du machst es dir bequem und schließt deine Augen. Es gibt nichts mehr für dich zu tun, du bist in Sicherheit. Du brauchst niemandem zu gefallen, es niemandem recht zu machen. Es geht jetzt und hier nur um dich.

Gehe in deiner Vorstellung durch ein Tor. Dieses Tor führt dich in deine innere Landschaft, die jedes Mal anders sein kann. Heute führt sie dich mitten hinein in deinen Kokon. Dieser Kokon zeigt sich dir als Höhle, als Raum oder auch als Landschaft. Es ist ein inneres Bild, das die Energie symbolisiert, die in diesem Kokon wirkt, so hinterfrage dieses Bild bitte nicht. Glaube dir, und lasse es sein, wie es ist.

Nun erscheint dein Helfer, die geistige Wesenheit, die du schon kennst, die Kraft, die dir durch diesen gesamten Prozess hindurchhilft. Bitte diese Kraft nun, dir all das zu zeigen, was für dich wichtig ist, dir die Informationen zu geben, die du brauchst, dir vielleicht sogar schon eine Zukunftsvision zu schenken. Bitte sie, dir zu zeigen, was in dir entwickelt werden will, aber auch, was du hinter dir lassen darfst.

Vielleicht nimmst du eine Version von dir wahr, die du dir sehnlich wünschst, die du so noch gar nicht kennst: eine gereifte, selbstsichere Version voller Selbstvertrauen. Du brauchst dir jetzt noch nicht vorzustellen oder gar zu wissen, wie du dieses Selbstvertrauen, diese Sicherheit in dir erlangst. Du bist ja schon mitten im Prozess.

Erlaube dieser geistigen Kraft, dir Bilder zu geben, Ahnungen, ein Gefühl dafür, wohin deine Entwicklung gehen darf. Glaube dir und deinen Wahrnehmungen. Du weißt, es gibt nichts zu tun, als diesen Weg weiterzugehen, den du bereits eingeschlagen hast. Der Weg führt dich. Wenn du Fragen an diese Kraft hast, dann stelle sie in Gedanken. Es ist so wichtig, dass du erkennst: Es geht nur um das Heute. Du brauchst nicht zu wissen, wie sich diese gereifte Version von dir verwirklicht. Es geht nur darum, jeden Tag, heute, auf das zu achten, was du spürst, das ernst zu nehmen und dir zu glauben. Es geht nur um den Schritt, der heute ansteht. Manchmal fühlt sich dieser Schritt wie Stillstand an oder gar wie ein Rückschritt. Und das ist vollkommen in Ordnung so, dann brauchst du einfach ein wenig Zeit, um alles in dir zu verarbeiten. Die Veränderung und die Entfaltung finden in dir statt, nicht durch deine Taten, sondern, weil die Zeit reif ist.
Noch einmal spürst du ganz deutlich die Qualität dessen, was auf dich zukommt, die Qualität dessen, was in dir reift, was sich entfaltet, auch wenn du noch keine konkreten Informationen und inneren Bilder hast. Diese Bilder dürfen vage und undeutlich sein. Erkenne einfach, dass du mitten in einem Prozess bist, der dich zu einer echten Erweiterung deines Seins führt. Lasse dir nun von deinem geistigen Führer noch ein wenig Kraft geben, Hoffnung und Zuversicht. Lasse dir Mut machen. Alles ist gut, das weißt du jetzt wieder.
Komme nun in deiner Zeit in diesen äußeren, physischen Raum zurück, während sich der innere Raum weiter in dir entfaltet.

Die Fragen lieb zu haben ist eine sehr schwierige Übung. Denn es bedeutet, dass du tatsächlich noch keine Antworten und damit noch keine Handlungsgrundlage hast. Das Nichtstun ist für sehr viele Menschen sehr viel schwerer als das Tun. Du wirst täglich, stündlich mit deiner Existenzangst konfrontiert. Das gehört dazu, sei unbesorgt. Es ist einfach so. Die Raupe erlebt das Gleiche, falls sie so etwas wie Existenzangst kennt. Und so ertappst du dich vielleicht dabei, dass du deine innere Spannung mit Ersatzhandlungen zu erleichtern versuchst. Tue das doch einfach. Es ist schon schwierig genug, den Prozess bewusst zu erleben. Du kannst ihn nicht ernsthaft stören, nur weil du ein wenig zu viel isst oder den Kleiderschrank zum wiederholten Mal ausräumst, um wenigstens irgendetwas zu kontrollieren. Schau, genauso wenig, wie du einen rasch wachsenden Krebs mit drei Globuli bekämpfen kannst, kannst du eine rasch wachsende großartige Veränderung durch ein bisschen Fehlverhalten stören, was immer »Fehlverhalten« für dich auch bedeutet. Loszulassen, besonders die Kontrolle, will geübt sein. Sei also freundlich zu dir selbst, wenn du dich dabei erlebst, dass du die Situation zu kontrollieren versuchst. Vielleicht hast du Schuldgefühle, weil du nicht mehr wie sonst für andere zur Verfügung stehen willst. Vielleicht bekommst du Angst, weil du dich nicht mehr so sehr ausbeuten lässt. Du bist auf einem guten Weg, der zu dir selbst führt. Bleibe einfach da. Es gib heute nichts zu tun als das, was heute ansteht.

5. Richte dich positiv aus.

Du hast durch die Übungen und natürlich auch durch den Prozess selbst eine Ahnung davon bekommen, wohin du dich entwickelst, auch wenn es noch viele offene Fragen gibt. Vielleicht gibt es sogar Fragen, die du noch gar nicht kennst. Vielleicht hast du auch ein ganz eindeutiges, klares Ziel vor Augen. Dieses Ziel, den letztendlichen Schmetterling, kannst du unterstützen, auch wenn du noch nicht alle Aspekte kennst. Mache dir aber bitte ganz bewusst, dass du eben noch nicht alle Aspekte kennst, damit du deine Visualisierung nicht einschränkst. Es ist nicht immer hilfreich, sich ganz genaue Ziele zu setzen und diese zu bestätigen, auch wenn das eine gängige Praxis im Coaching ist. Ich möchte dich nicht verwirren, tue das, wenn es dich unterstützt. Ich habe immer wieder erlebt, dass mich zu klare Vorstellungen eines Ergebnisses eher unter Stress und Leistungsdruck setzen, als dass sie zum Erfolg führen. Und oft genug verstellen die allzu klaren Ziele den Blick auf das, was neu dazukommen will – denn die klare Zielsetzung beruht ja auf dem, was du schon kennst. Evolution aber ist immer neu, immer völlig anders als das Althergebrachte. Was funktioniert, ist Folgendes:

Übung

MINDMAPPING ODER: MACHE DIR EIN BILD!

Je nachdem, ob du gerne strukturiert denkst oder ob du eher ein spielerischer, visueller Typ bist, biete ich dir zwei Varianten an. Sie haben je eine andere Gewichtung, doch beide führen zum gleichen Ergebnis. Natürlich kannst du auch beide Spiele spielen.

MINDMAPPING

Tony Buzan hat diese kognitive Methode verbreitet. Wir nutzen sie hier ein wenig abgewandelt, um den sich entwickelnden Schmetterling kennenzulernen und zu unterstützen.

Nimm dir ein großes, weißes Blatt Papier, unliniert, und verschiedenfarbige Stifte, mit denen du gut schreiben kannst. Male, wenn du das kannst, einen bunten Schmetterling, oder klebe ein Bild eines Schmetterlings in die Mitte des Papiers. Dein Inneres Kind darf ruhig dabei sein und ein bisschen Spaß haben. Nun nimm einen Stift, und ziehe eine Linie – gerade oder gebogen, in welche Richtung auch immer du das willst – vom Schmetterling weg. Schreibe auf diese Linie, was dir gerade zum Thema glückliche Lebensgestaltung, Genesung oder worum es in deinem Prozess auch immer geht, in den Sinn kommt. Ziehe dann die nächste Linie in einer anderen Farbe. (Natürlich kannst du das auch einfach alles mit einem blauen Kuli machen, die Hauptsache ist, du probierst es aus.)

Zum Beispiel: Erfolg, reiten können, gesund sein, leichter werden, Erfüllung, viel Geld auf sehr leichte Weise verdienen, mit meiner Musik viele Live-Auftritte haben, die Liebe meines Lebens finden, erfüllten Sex haben, meine Berufung leben, Sicherheit ... Zensiere dich auf keinen Fall, das ist deine Mindmap, und es geht niemanden etwas an, wohin dich deine innere Reise führt und was du willst. Es gibt keine unerleuchteten Wünsche, keine Ziele, die du dir verbieten musst. Das ist deine innere Landkarte, sei ehrlich, bitte. Sonst fehlt dem Schmetterling am Ende eine Farbe, und dann ist er nicht deiner. Je schneller und spontaner du schreibst, desto besser ist es.

Ziehe nun Linien von diesen jeweils ersten Hauptästen, und schreibe weiter auf, was dir dazu einfällt. Ziehe zuerst die Linie, auch wenn du noch kein Wort dazu findest, das gibt deinen Gedanken einen Raum, in dem sie sich entfalten können. Du kommst dabei auf Ideen, die dir sonst eventuell nicht eingefallen wären. Die Mindmap verschafft deiner Inspiration eine Ausdrucksmöglichkeit. Es kann sein, dass du auf einen der Strahlen einfach »weitermachen« schreibst, auf einen anderen vielleicht »Kunstgeschichte studieren«. Dein Inneres gibt dir konkrete innere Anweisungen, und sei es nur »es ist noch nicht so weit«. Von da ausgehend kannst du zu jedem Thema in jeder Farbe weitere Strahlen zeichnen und Ideen aufschreiben. Deine Landkarte ist fertig, wenn du sie für fertig erklärst. Natürlich ist sie jederzeit ausbaufähig, also hänge sie dir gut sichtbar an die Wand. Du erkennst übrigens auch sehr gut, was dir im Moment nicht so wichtig ist, obwohl du es für wichtig hieltest. Dann fällt es dir einfach nicht ein, während du die Mindmap schreibst. Es gibt keinen Strahl dafür. Manchmal ist es wirklich nicht wichtig. Und manchmal ist die Zeit noch nicht reif.

Vielleicht schlummert in dir ein Schmetterling, den du kennst und nach dem du dich sehnst. Dann gib ihm einen Namen. Schreibe also das Thema deines Schmetterlings in die Mitte des Blattes, zum Beispiel »musikalische Kreativität«. Nun ziehe wieder Linien, schreibe darauf, was dir dazu einfällt, zum Beispiel Spaß, Erfolg, Ausdruck, Unabhängigkeit, Freiheit, Sicherheit … Ziehe weitere Linien. Sicherheit kann bedeuten: verlässliche Menschen, mit denen du Musik machen kannst, finanzielle Sicherheit, emotionale Sicherheit. Freiheit bedeutet vielleicht: ein eigenes Tonstudio, keine Vertragsbindungen zu Plattenfirmen oder aber einen Vertrag mit einem unabhängigen Label. Vielleicht sind dir ganz andere Aspekte wichtig. Es ist deine Landkarte. Wieder: Gib dir Raum. Egal, wie unsinnig dir ein Aspekt erscheint, schreibe ihn auf. Er gehört dazu und wird unleidlich, blockiert dich, wenn du ihn übersiehst oder verleugnest. Vielleicht erkennst du auch, dass einer der Strahlen, die dir wichtig erscheinen, in Wahrheit gar nicht zu diesem speziellen Schmetterling gehört. Dann entkopple ihn, streiche ihn durch, er hat hier nichts zu suchen. Die emotionale Sicherheit des Inneren Kindes hat zum Beispiel nichts beim Schmetterling deines kreativen Selbstausdruckes oder deines beruflichen Erfolges zu suchen, darum darfst du dich gesondert kümmern. Zum Schmetterling deiner Gesundheit dagegen gehört diese emotionale Sicherheit bestimmt.

Eine Mindmap schreibst du nicht, um konkrete Lösungen zu finden, sondern um klarer zu werden, damit das ewige Gedankenkarussell und das Grübeln aufhören. Die Lösungen kommen dann von alleine. Es kann wirklich sein, dass es dir während dieses gesamten Imago-Prozesses nicht immer gut geht. Das gehört dazu. Es ist natürlich keine Voraussetzung, aber es ist einfach manchmal so. Du weißt nicht, was in dir passiert, du verlierst deine gewohnten Sicherheiten, du weißt nicht, ob du nicht ab und zu Wunschtraum mit echter Entwicklung verwechselst. Lasse dir von mir Mut machen. Gehe weiter. Es wird ab jetzt besser und besser. Damit du das fühlst, probiere diese Übung:

EINE COLLAGE KLEBEN

Du weißt, wie das geht. Klebe ein Bild von dir in die Mitte eines großen Stückes Packpapier. Nun nimm dir verschiedene Zeitschriften, und schneide oder reiße alles aus, was dir für dein Leben erstrebenswert erscheint und dich berührt. Lasse dich dabei ganz spontan führen, kontrolliere und zensiere dich bitte nicht. Was meine ich damit? Wenn du dreimal an einem Bild eines kleinen Kätzchens hängenbleibst und du dir selbst sagst, dass du auf gar keinen Fall ein Tier halten kannst, darfst oder willst, dann schneide es dennoch aus. Es steht für eine Sehnsucht. Entweder wirst du erkennen, dass du sehr wohl Raum für ein Tier schaffen kannst, wenn du die Verantwortung für diesen Wunsch übernimmst, oder aber das, wofür es steht, kommt auf andere Weise in dein Leben. Schneide dir auch Sätze aus, die dich berühren und beflügeln. Oder bilde selbst welche, indem du Wortschnipsel ausreißt. Hast du all deine Idealvorstellungen, Ziele und Wunschbilder zusammen, dann ordne sie auf dem Packpapier an. Beim Anordnen spürst du, was dir wirklich wichtig ist und was nicht. Was nicht wichtig ist, lasse liegen. Während du nun deine Collage klebst, kommst du innig in Kontakt mit dir selbst, mit dem, was du willst, mit dem, was du dir ersehnst, eventuell auch mit einem Schmerz. Das darf sein, du gestaltest ja gerade dein Leben neu, also darfst du auch ein wenig oder viel über das trauern, was du bisher noch nicht gelebt hast. Das ist deine Collage, niemand braucht sie zu sehen, also sei ehrlich. Eine Collage zu kleben ist ein sehr privater, intimer Akt. Nimm dir Zeit, und sorge für Ungestörtheit. Erlaube dir, auch scheinbar Widersprüchliches auf diese Collage zu kleben, damit du die Fragen in aller Ruhe lieb haben kannst und nicht in Nöte und innere Konflikte gerätst. Da gibt es einige Anteile, die wollen etwas, andere dagegen wollen genau das auf gar keinen Fall. Meistens unterdrücken wir unser für uns unbequemes Ja oder Nein. Doch nur, wenn wir all unsere Karten auf den Tisch legen und ehrlich sind, kann das Leben eine für uns wirklich passende Lösung entwickeln.

In der Dienstleistungsbranche gibt es das sogenannte Lastenheft. Es beschreibt ganz konkret die Anforderungen des Auftraggebers. Der Auftragnehmer formuliert daraufhin ein Pflichtenheft. Darin steht, wie er die Anforderungen des Auftraggebers zu erfüllen gedenkt. Du darfst dem Leben, der Evolution, ausdrücklich ein Lastenheft in

Form dieser Collage schreiben. Die Evolution hat dir ja auch eines in die Hand gedrückt.
Ich habe vor zwanzig Jahren eine Collage geklebt. Einiges hat sich sofort manifestiert. Anderes brauchte länger. Es gab Umwege, Entwicklungsschritte, die mir oft nicht gefallen haben. Aber alles, was ich daraufgeklebt habe, erlebe ich nun, und viel, viel mehr, viel Besseres, als ich mir je hätte ausdenken können. So lasse auf deiner Collage Platz für Evolution. Und für Wunder.

Es gibt eine dritte Variante dieser Übung: Tanze den entstehenden Schmetterling. Lege deine Musik auf, verbinde dich mit dem, was in dir reift, mit allen Widersprüchen, Ängsten, mit all der Freude, der Ungeduld und was noch dazugehört, und tanze. Verleihe all diesen inneren Anteilen, den sich spezialisierenden Imago-Zellen, Ausdruck. Nutze alles, was du weißt und kannst, um deine Umgebung positiv auf das in einigen Teilen noch unbekannte Neue auszurichten. Ich halte zum Beispiel sehr viel von Feng-Shui und von schamanischen Ritualen. Ich kann etwas tun, sei es, den Garten umzugestalten, ein Medizinrad zu legen oder endlich meinen Keller aufzuräumen, ohne dass ich ein eindeutiges Ergebnis visualisieren muss.

Die Hilfsmittel in diesem Stadium sind folgende:

- Du erlebst plötzliche Erkenntnisse, die Schleier fallen, die Dinge werden klar, und du bekommst einen Eindruck dessen, wohin deine innere und auch äußere Reise geht.
- Lerne deine eigene Wahrheit kennen, und stelle dich ihr, auch wenn sie dich in Schwierigkeiten bringt.
- Lasse deine Idealvorstellung von dir los. Sei, wer du bist. Warum? Damit du dich kennenlernst!
- Lerne, mitfühlend und freundlich mit dir selbst umzugehen, besonders, wenn du dazu neigst, dich selbst zu beschimpfen und zu beschämen.
- Halte den »Ich weiß es nicht«-Zustand aus, entspanne dich – vielleicht sogar in ihn hinein, wenn dir das möglich ist. Die Antworten kommen zur rechten Zeit, sei unbesorgt.
- Lasse dir ein inneres Bild vom Zustand deines entstehenden inneren Schmetterlings geben, schenke dir selbst viel Raum für Innenschau und Kontemplation. Du brauchst öfter eine Auszeit, das ist im Moment einfach so, um dich selbst zu spüren und deine Erkenntnisse zu verarbeiten.
- Richte dich positiv aus, so ehrlich, wie du nur kannst, und schreibe dem Leben ein sogenanntes Lastenheft. Gestehe zumindest dir selbst ein, was du willst, und auch, was du auf gar keinen Fall mehr willst, und stehe dazu.
- Nutze Rituale, um deine Umgebung positiv auszurichten.

Die Imago-Zellen werden zum Schmetterling

oder:

AUS DEM WEG, JETZT KOMME ICH …

WENN ICH DARF

Wenn du hier angelangt bist, machst du dich aktiv auf die Suche nach dem Neuen, das in dir entsteht. Du weißt, wohin die Reise geht, auch wenn dir noch Details fehlen. Du hast eine Vision von dir. Du suchst dich in allem, was dir begegnet, bist an allem interessiert, was dir einen Spiegel vorhält. Was meine ich damit? Du kaufst zum Beispiel auf einmal spezielle Kleidung, um das Neue, das kommen will, einzuladen. Ich habe mir, als ich entschied, von nun an Vorträge zu halten, ein Kostüm (nun, seien wir ehrlich, drei Kostüme ...) und einen Koffer für das Herumreisen gekauft. Im Moment horte ich Pferdezeitschriften und -bücher, um daraus zu lernen. Beginnst du, deinen spirituellen Weg zu gehen, dann stapeln sich auf einmal die Engelkarten und die Kristalle bei dir. Du lässt dich nicht mehr aufhalten, stürmst die Buchläden, Vorträge, Seminare usw. Du willst jetzt alles über das Neue lernen, du willst bald schlüpfen.
Doch nun tritt ein starker Gegenspieler auf. Ich hatte diese drei wirklich schicken Kostüme im Schrank. Traute ich mich, sie anzuziehen? Kaum. Weil ich befürchtete, nun irgendwie aufgeblasen und unecht zu wirken, dabei trug ich sie wirklich gern.
Hier trennen sich für einen Moment die Wege der Raupe und uns Menschen. Denn die Raupe scheut sich nicht, der am schönsten schillernde Schmetterling zu werden, der sie nur sein kann. Wir dagegen schon. Du denkst: Wer bin ich schon? Ich war immer eine Raupe, die anderen kennen und mögen mich als Raupe, ich will nicht beneidet und beschämt werden oder gar versagen.

Darf ich vorstellen? Da ist sie: die Scham. Woher kommt sie, warum überfällt sie uns in den am wenigsten passenden Momenten? Wir kommen an dieser Stelle wohl nicht darum herum, uns unserer eigenen Vergangenheit und der daraus resultierenden Angst, beschämt und verletzt zu werden, zu stellen, wenn wir eines Tages als Schmetterling sichtbar für alle schlüpfen und sogar fliegen wollen.

Was ist Scham überhaupt? Es ist das Gefühl, irgendwie falsch zu sein, ohne dass du genau weißt, wie du »richtig« wärst. Diese Scham kommt mit einem immensen Schmerz daher, wirst du doch in deiner Gesamtheit abgelehnt, in deiner natürlichen Ganzheit zutiefst verletzt. Scham wird in den allerersten Lebensmonaten geprägt, du hast noch keine Sprache und kannst dich nicht ausdrücken. Deshalb lässt sich Scham so schwer in Worte fassen, du hattest damals keine. Du wirst in deinem gesamten Selbstgefühl, in deiner Selbstwahrnehmung gestört. Das Gefühl, das du als Neugeborenes ganz natürlicherweise hast, nämlich, dass du so, wie du bist, in deinem natürlichen Selbstausdruck, richtig bist, steht auf einmal infrage. Ein Naserümpfen, ein Kopfschütteln, Besorgnis, Enttäuschung – das alles erschreckt ein Baby, weil es nicht versteht, warum es diese Reaktionen hervorruft. Für ein Baby ist es überlebensnotwendig, dass sich die es versorgenden Personen nicht von ihm abwenden.

Und so entwickelst du, wenn das doch jemand tut, Todesangst, und das zu Recht. Denn wirst du als Baby nicht versorgt, dann stirbst du. Das Kind weiß ja nicht, dass man die Nase rümpfen oder den Kopf schütteln und es dennoch versorgen kann. Scham, das Gefühl, falsch zu sein, erzeugt im Kind Todesangst und vollkommene Machtlosigkeit, denn es kann sein vermeintliches grundlegendes Falschsein nicht ändern. Diese Gefühle muss das Gehirn auf der Stelle verdrängen. Nur zum Verständnis: Verwechsle Scham nicht mit Schuld. Wenn du dich schuldig fühlst, dann geht es immer um dein Verhalten. Du hast eine Chance, die Dinge wiedergutzumachen, wenn du dein Verhalten änderst. Schämst du dich aber, dann bist du falsch, und du kannst das in letzter Konsequenz nur wiedergutmachen, indem du dich selbst auslöschst oder nur so wenig wie möglich Raum einnimmst. Wie soll man mit einer solchen inneren Haltung die schimmernden Flügel ausbreiten und fliegen?

Es gibt diese ganz normale, natürliche Angst, die immer kommt, wenn wir uns erweitern, größer werden. Du verlässt deine emotionale Komfortzone und wirst deshalb verletzlich. Das gehört dazu, das darf sein. Doch es hält dich, wenn du nicht allzu sehr beschämt bist und deshalb in der Vermeidung lebst, nicht davon ab, deine Schritte zu gehen. Es ist normal, sich verletzlich zu fühlen, wenn etwas Neues auf dich zukommt, wenn du etwas lernst oder dich mit einer neuen Fähigkeit zeigst. Denn du bist ja auch verletzlich, du kannst die Situation noch nicht meistern. Du brauchst Hilfe von Experten, stellst dich unbeholfen an, fällst, um es bildlich auszudrücken, einige Male vom Pferd. All das ist völlig in Ordnung, eine emotionale Unbequemlichkeit, die du in Kauf nimmst.
Schwierig wird es, wenn du wie besessen bist von der Angst, verletzt und beschämt zu werden, ja, wenn du diese Beschämung und Verletzung sogar als gegeben voraussetzt. Dann wirst du alles tun, um sie zu vermeiden, oft sogar von dir selbst unbemerkt.

Warum ist es in diesem Stadium so wichtig, dass du die Scham erkennst und meisterst? Erinnere dich: Die Imago-Zellen sind dabei, sich zu spezialisieren. Aus all dem, was sich gerade in dir entfaltet, wird dieser spezielle Schmetterling, den du ersehnst. Wenn du nun aus Scham bzw. durch die Vermeidung von Scham bestimmte Qualitäten nicht entwickelst, dann fehlen sie am Ende! Dann schillern die Flügel nicht ganz so farbenfroh, und du wirst nicht wahrgenommen als das, was du sein könntest. Dann erkennst du bestimmte Blüten nicht, weil dir der Geruchssinn für sie fehlt. Und das wäre einfach jammerschade. Du verstehst.

Natürlich gibt es viele Möglichkeiten, mit Scham umzugehen:

1. Du kannst sie verleugnen.
Du fühlst dich unwohl, irgendetwas passt dir nicht, doch du kommst nicht dahinter, was es sein könnte. Du wirst unzufrieden, projizierst deine Gefühle auf dein Gegenüber, auf die Gesellschaft, die Arbeitsmarktsituation, den Kapitalismus, deine Mitmenschen, das Wetter.
Da willst du endlich diesen Stand auf dem Kunsthandwerkermarkt, von dem du schon so lange redest, aufbauen und deine selbst gemachten, wirklich sehr guten Fimo-Figuren anpreisen. Du möchtest diese Frau ansprechen und mit ihr einen Kaffee trinken gehen. Du willst deinen Chef um mehr Geld bitten, ein selbst genähtes Kleid anziehen, einen Roman schreiben, endlich Kurse geben, dir die Haare färben … Doch nein, heute passt es nicht. Du bist nicht in Stimmung. Es gibt so viele industriell gefertigte Figuren, da braucht die Welt deinen selbst gemachten Kram nicht, und sowieso regnet es heute bestimmt. Du bist zu alt, zu jung, zu dick oder zu dünn für eine neue Haarfarbe. Das selbst genähte Kleid sieht doch eher aus wie ein Kartoffelsack, und die Frau hat mit Sicherheit kein Interesse an dir. Romane gibt es zuhauf, warum sollte jemand dein Machwerk lesen wollen? Du kommst dir einfach blöd vor und erfindest Ausreden.

Nun, sich blöd vorzukommen, ist ein anderer Ausdruck von Scham. Das sind kleine, unpolitische Beispiele. Vielleicht sind sie unwichtig, oberflächlich. Doch das ist ein Selbsthilfebuch, es soll einigermaßen leicht bleiben, weil es auch so schon schwer genug ist, sich mit sich selbst auseinanderzusetzen. Ich könnte auch andere Beispiele bringen. Du kannst dir diese Ausreden selbst hochrechnen, oder? Am Ende stehen brennende Asylantenheime und erschossene Ehefrauen, tote Kinder in Mülltonnen, Konzentrationslager und vollkommen zerstörte Länder, aus denen Flüchtlinge kommen, die dann wieder an allem schuld sind, was nicht klappt. Das ist der Kreislauf der Ausreden, um die eigene Scham und den eigenen Schmerz nicht spüren zu müssen.

2. Du kannst dich coachen.

Das schaffst du! Ich weiß, dass du es kannst! Das Leben bietet dir Herausforderungen, gehe sie an! Wenn du das geschafft hast, wirst du stärker. Überwinde die Scham, sie ist nicht real. Du bist erwachsen, die Kindheit ist vorbei. Was kann dir schon passieren?

Diese Sätze helfen dir, Energie aufzubauen und die Dinge trotz der Scham zu tun. Das Gute ist: Beim Tun erlebst du meistens neue, positive Gefühle, nämlich Freude und Glücksgefühle über deinen Erfolg. Weil du es geschafft hast und weil du gut ankamst. Diese positiven Gefühle löschen nach und nach die eingeprägte, gespeicherte Scham in den entsprechenden Gehirnteilen.

Schwieriger wird es, wenn du die Aufmerksamkeit anderer brauchst, um erfolgreich zu werden. Oder wenn du weißt, du erntest richtigen Ärger. Ein Ja zu dem, was sich in dir entwickelt, kann dich durchaus in ernste Schwierigkeiten bringen. Du willst ein Kind, dein Partner aber nicht. Du willst einen Hund oder keinen. Du willst mehr Sex, weniger Sex, anderen Sex. Du willst einen spirituellen Weg gehen oder deine Arbeit verändern, wodurch du nicht mehr in diese Firma passen wirst.

Regeln wir das Ganze zunächst kognitiv, also mithilfe gesunder Logik und Gedankenkraft.

Was kann dir im schlimmsten Fall passieren, wenn du deinen Weg aufrichtig gehst? Nimm diese Frage ernst, und beantworte sie. Sie ist nicht rhetorisch gemeint, und »nichts« stimmt nicht. Male dir ruhig ein Schreckensszenario aus. Deine Amygdala, das Angstzentrum, hat ihren Katastrophenfilm sowieso schon abgedreht. Also soll sie ihn dir ruhig auch zeigen, damit du ihn korrigieren kannst. Das ist kein negatives Denken, keine Sorge. Noch einmal: Der Horrorfilm ist schon fertig. Du kannst nichts Negatives mehr erzeugen, es ist schon da. Schaue ihm also ins Gesicht. Wenn du weißt, was dir deiner Befürchtung nach blühen könnte, dann stelle dich diesen Fragen: Fände ich Mittel und Wege, mit dieser Situation zurechtzukommen? Traue ich mir das zu? Was könnte mir helfen? Wie kann es leichter werden? Was brauche ich, was muss ich noch entwickeln, um diese gefürchtete Situation zu meistern? Wie groß ist die tatsächliche Wahrscheinlichkeit, dass das passiert? Und ist der Zeitpunkt der richtige?
Male dir die Katastrophe bitte auch für den Fall aus, dass du deinen Schritt nicht gehst. Was passiert, wenn du verborgen bleibst, dich weiterhin zusammenkauerst, eben nicht schlüpfst?
Stelle dir die gleichen Fragen wie weiter oben. Denn du bist längst nicht mehr in deiner Komfortzone mit der Situation, die noch vor ein paar Wochen ganz erträglich war. Auch das Bleiben, das Verharren, hat Konsequenzen.

Finde deine Antworten, und triff aufgrund dieser vernünftigen Einschätzung deine Wahl. Es ist sehr vernünftig, ein bestimmtes Risiko einzugehen, wenn es sich nicht vermeiden lässt, dein Ziel das aber wert ist. Aber eben nur dann. Unvernünftige Kamikaze-Aktionen sind nicht mutig, sondern eine Belastung für deine gesamte Umgebung, die dich dann wieder auffangen darf. Die ängstliche Vermeidung von Risiko aber ist genauso unangemessen, wenn du dein Leben wirklich leben willst. Das Leben kommt nun einmal nicht mit einer Vollkaskoversicherung daher. Finde positive Affirmationen, die dich bestärken und die dich auf den Erfolg hin ausrichten. Positive Affirmationen dienen dazu, deine Kraft zu bündeln und all jene Eigenschaften und Energien in dir zu aktivieren, die du brauchst, um deinen Weg erfolgreich und erfüllt zu gehen. Du konzentrierst dich durch positive Affirmationen auf dein Ziel und auf das, was dich unterstützt und bestärkt. Damit aktivierst du im Gehirn bestimmte Botenstoffe. Achte darauf, dass du Sätze findest, die du auch glaubst und die realistisch sind.

»Alles, was ich brauche, kommt zur rechten Zeit leicht und einfach zu mir« ist ein sehr gut funktionierender Satz. Oder: »Ich erreiche meine Ziele friedlich, würdevoll und zur genau richtigen Zeit.«

Sprich diese positiven Zielsetzungen nur für dich, nie für andere. Schaue immer danach, was dich in einer Angelegenheit betrifft, und richte dich positiv auf diesen Aspekt aus. Geht es tatsächlich um einen anderen Menschen, dann bestärke das, was du in deiner Beziehung zu ihm erhalten und stärken willst.

»Friedlich und erfüllt erlebe ich meine Beziehung mit XY.« Oder: »Welchen Weg auch immer XY geht, ich bleibe dabei gelassen in meiner Mitte und auf meinem Weg.«

Mache dir die Mühe, herauszufinden, was genau du in Bezug auf dein Wohlbefinden willst, und das positiv zu bestärken.[2]

Manchmal allerdings ist es schwierig, genug kognitive Energie aufzubauen, um die womöglich sehr berechtigte Angst und die Scham, die dich lähmen, zu überwinden. Denn deine Gegenüber, zum Beispiel dein Partner oder deine Eltern, entwickeln auch sehr viel Energie, zeigen dir eine starke emotionale Gegenreaktion. Dieser massiven,

---

2 Mehr dazu in »Stell dir doch vor, was du willst – Warum auch negative Gedanken ihren Platz haben«.

vielleicht lange anhaltenden Gefühlswelle standzuhalten braucht nicht nur große Entschlossenheit, Durchhaltevermögen und viel Mut, sondern auch sehr viel Mitgefühl, wenn du die Dinge so friedlich wie möglich erledigen willst. Mitgefühl mit den anderen, aber auch mit dir. Warum? Weil du emotionale Angelegenheiten nicht ausschließlich kognitiv regeln kannst. Emotionale Energie ist immer stärker als die Ratio, deshalb haben die anderen schon gewonnen, wenn du dich nur auf deine sachlichen Argumente verlässt. Warum ist das so? Weil die Emotionen in einem älteren Hirnteil erzeugt werden als die bewussten, logischen Gedanken. Und ältere Hirnteile sind immer stärker und durchsetzungsfähiger als die neueren. Das müssen sie sein, denn sie schützen dein Leben.
Damit du deine Emotionen in den Griff bekommst und denen deiner Gegenüber standhalten kannst, brauchst du eine emotionale Stütze. Zum Glück gibt es eine: ebendieses echte Mitgefühl.

3. Du kannst mitfühlend mit dir sein.
Selbstmitgefühl ist eine eher selten praktizierte und doch so wertvolle Tugend. »Stelle dich nicht so an!« – das hast du oft genug gehört und sagst es dir bestimmt auch selbst. Das Gegenstück dazu ist: »Das kannst du doch sowieso nicht, das schaffst du nie!« Auch sehr schön: »Das kannst du mir doch nicht antun!«
Diese Botschaften sind nicht hilfreich, wenn du dein Leben erfolgreich gestalten und meistern willst. Du brauchst eine realistische, vernünftige Einschätzung deiner Situation und deiner eigenen Fähigkeiten, damit du kluge Entscheidungen zur richtigen Zeit treffen kannst. Was hat das mit Mitgefühl zu tun? Nur wenn du deine Lage vernünftig einschätzt, kommt dein Mitgefühl an den richtigen Stellen an, und du schaffst den Sprung vom Selbstmitleid oder der kognitiven Verdrängung (die meistens Hand in Hand gehen) ins echte Mitgefühl.

Du weißt noch nicht in allen Einzelheiten, welcher Schmetterling schlüpfen will, du kennst noch nicht alle Fakten, nicht alle Bedürfnisse. Du weißt nun aber ziemlich genau, was du auf gar keinen Fall mehr willst, und du hast auch schon eine Ahnung, was auf dich zukommt, wenn du eines Tages schlüpfen und fliegen willst. Mache dich kundig über deine vermutliche zukünftige Blumenwiese. Schaue nach anderen, die Ähnliches geschafft haben. Was haben sie gemacht? Was eben nicht? Suche dir Hilfe. Was bedeutet das? Nun, du brauchst womöglich einen Businessplan, Geld von der Bank, einen Studienplatz, eine neue Wohnung in einer fremden Stadt … Scham kommt mit einer sehr vernünftigen Attitüde daher. Das muss sie, sie will dich schützen und nicht durchschaut werden, schon gar nicht von dir selbst. Sie wird dir also mit sehr sachlichen Gedanken einreden, warum das, was du dir erträumst, sowieso nicht geht.

Du bist zu jung oder zu alt, um Geld von der Bank zu bekommen. In der Wohnung, in der du lebst, kannst du keinen Hund halten, keine Trommel schlagen, keinen zumindest kleinen Seminarraum gestalten. (Nichts wie raus da!) Du kannst deine alten Eltern nicht allein lassen. (Nein, das kannst du vermutlich wirklich nicht. Aber Lösungen gibt es dennoch. Du musst nicht alles allein machen. Und dich aufopfern musst du auch nicht. Befasse dich in diesem Fall bitte mit dem Thema »Co-Abhängigkeit«.) Und so weiter. Es gibt tausend gute Gründe, warum du etwas nicht machen kannst. Nimm sie ernst, so richtig, denn das mögen sie nicht. Sie wollen dich in Angst und Schrecken versetzen, aber nicht angeschaut werden. Tue so, als wären sie real. Und dann überprüfe sie. Du wirst feststellen, dass es, wenn du dich wirklich öffnest und dich entscheidest, deinen Weg zu gehen, fast immer Möglichkeiten gibt, ihn auch zu verwirklichen.

Ich sage es einmal so: Wenn nicht in diesem Land, wo denn dann bitte? Du bist nicht im Krieg, du hungerst nicht, du darfst denken, was du willst, du hast genug Geld, dir dieses Buch zu kaufen, und du bist in größtmöglicher Sicherheit, so sicher, wie du auf der Erde nur sein kannst. Auch wenn du auswandern willst, kannst du das von diesem Land aus sehr gut tun, niemand hält dich, niemand baut einen Zaun um dich herum.
Scham kann genauso dazu führen, dass du zum Träumer im negativen Sinne wirst. Du träumst dich in dein Leben auf die Erde, sagen die Schamanen. Und dann erträumst du dir die Umstände. Aber du musst das Erträumte umsetzen und zur Tat schreiten, das sagen sie auch.

»Das schaffe ich schon«, sagst du, ohne einen Plan zu haben und ohne dir tatsächlich zu vertrauen. »Doch, das Geld werde ich irgendwie auftreiben.« »Nächsten Monat wird es besser, ich verspreche es!«
Es gibt einen entscheidenden Unterschied zwischen einem Hans Guck-in-die-Luft und jemandem, der seine Träume realistisch und idealistisch zugleich verwirklicht. Ersterer will sich nicht mit den tatsächlichen Gegebenheiten befassen, er lebt von der Hoffung und seinen Fantasien, verschiebt die anstehenden Schritte auf morgen und findet immer wieder einen Grund, warum er gerade heute auf gar keinen Fall zur Tat schreiten kann. Man glaubt ihm, seine Gründe sind immer nachvollziehbar. Doch irgendwann erkennt man, dass sich seit Jahren nichts bewegt. Letzterer ist bereit, auch die Fußarbeit zu machen, zu tun, was nötig ist, und genau dann, wenn es nötig ist, egal, ob es ihm gerade gefällt oder nicht. Er redet nicht, er handelt, und zwar heute, weil er weiß, dass er jeden Tag nur das Heute hat. Ein Hans G. dagegen findet tausend Ausreden, warum er diesen oder jenen Schritt nicht unternehmen kann, obwohl sich dieser Schritt nicht nur für alle Außenstehenden, sondern insgeheim sogar für ihn selbst sinnvoll und stabilisierend anfühlt. Doch dann

müsste er sich seiner Scham stellen, es noch nicht geschafft zu haben. Verzögerer und Zauderer haben meistens immense Angst davor, zu scheitern. Die Scham, (noch!) nicht gut genug zu sein, ist mehr, als sie ertragen können, und so beginnen sie erst gar nicht wirklich. Sie verstehen nicht, dass sie die Dinge beim Tun lernen würden und dass es völlig in Ordnung ist, kleine Schritte zu gehen, hinzufallen, aufzustehen, sich Hilfe zu suchen und weiterzugehen. Gleichermaßen gibt es diese riesige Angst vor dem Erfolg, davor, dass es klappen könnte. Ein Zauderer, der sich schämt, ist nicht in der Lage, seine Größe zu erkennen und die Verantwortung, sein Leben selbst zu gestalten, zu tragen. Er hat schlichtweg Angst vor seiner eigenen Kraft, weil er so beschämt ist, dass er sich nicht vorstellen kann, machtvoll zu sein und sein zu dürfen. Der Schmerz, den er dann fühlen müsste, weil man ihm seine Großartigkeit aberkannt hat, als er klein war, ist kaum zu überleben. Wenn du dich darin erkennst, brauchst du besonders viel Mitgefühl mit dir selbst.

Suche dir alle Informationen zur Verwirklichung dessen, was du dir erträumst, zusammen, auch wenn es Lauferei werden könnte. Warum? Damit du am Ende ein klares Bild von dem, was im Außen möglich ist, und dadurch auch von dem, was du im Innen noch nicht kannst, bekommst. Jetzt weißt du, an welchen Stellen dich die Scham tatsächlich lähmt und wo sie nur einen Nebenschauplatz gefunden hat.

Doch ich sehe schon, du willst ein Beispiel. Nun gut, hier ist ein persönliches und wenn auch kein weltbewegendes, so doch ein sehr typisches: meine Hochzeit.
Ich heiratete 1998. Damals war ich noch Krankengymnastin, und mein Partner studierte. Wir hatten nicht besonders viel Geld, eigentlich gar keins. Die Eltern, meine und seine, wollten uns die Hochzeit finanzieren, was einfach wundervoll war. Wir begannen zu planen, ich hatte wirklich Angst, auf viel zu hohen Rechnungen sitzen zu

bleiben oder unsere Eltern auszunutzen und sie zu verärgern. Es war eine zweischneidige Sache, so viel Geld von den Eltern anzunehmen. Dadurch hatten sie Mitspracherecht, und mein Inneres Kind, das ich damals nur sehr rudimentär kannte, hatte Angst, bestraft und beschämt zu werden, weil ich zu viel Geld ausgab oder der Ort der Feier nicht passte. Gleichzeitig hatte ich Angst, nicht die Hochzeit zu erleben, die zu uns passte, sondern das zu tun, was die Eltern vermeintlich von uns wollten. Meine innere Jugendliche sorgte sich, ihre eigene Party nicht so gestalten zu dürfen, wie sie das wollte, und diese einmalige Gelegenheit zu verpassen. Ich wollte nicht mit einer Art Bedauern auf meine Hochzeit zurückschauen, ich wollte das ganze Paket. Wir waren eine Art esoterische oder schamanische Rocker, unsere Freunde hatten lange Haare, fuhren Motorrad, hörten brachiale Musik und machten komische Rituale in der Natur. Wir heirateten kirchlich, weil wir unbedingt auch vor Gott heiraten wollten – nicht zwingend kirchlich, aber spirituell. Damals gab es unseres Wissens noch keine schamanischen Hochzeiten, und wenn doch, hätten wir uns mit Sicherheit nicht getraut, eine solche unseren Eltern zuzumuten.

Ich brauchte und wollte also ein Kleid. Ich ging in viele Brautmodengeschäfte, probierte weiße Traumkleider an und zuckte vor den Preisen zurück. Ich fand keines, das mir gefiel. Eines Morgens fuhr ich in die Praxis, in der ich arbeitete, und dachte darüber nach, ob ich wirklich ein Brautkleid haben wollte. 2000 DM für ein Kleid, das ich einmal tragen würde, das war doch kompletter Schwachsinn, dachte ich. Ich werde eine andere Lösung finden. Ich war sowieso ziemlich kräftig, ich hatte ungefähr 15 Kilos zu viel, ich ging noch nicht zu den anonymen Esssüchtigen. Mich in ein Brautkleid zu zwängen und dann zu erkennen, wie es eben nicht aussah, weder elfengleich noch zauberhaft – nun ja. Dieser künftige Schmetterling (ich als Braut) würde nicht fliegen, sondern im besten Fall hummelartig dahintorkeln. Während ich das dachte, schoss mir ein Schmerz durchs

Herz, der mich am Straßenrand anhalten ließ. Ein bisschen was wusste ich damals schon über Gedanken und Gefühle. Ich atmete in mein Herz und bat mich selbst, mir zu zeigen, worum es wirklich ging, was in mir los war. Und da kam es.

Als ich neun Jahre alt war, war ich zu meiner ersten Party eingeladen worden – kein Kindergeburtstag, sondern eine Party im Partykeller eines Schulkameraden. Und der Junge, in den ich total verliebt war, doch, doch, mit neun Jahren, der kam auch. Ich machte mich chic, zog einen hellblauen Cordsamtträgerrock an (und ich will jetzt nichts dazu von dir hören :-)) und fand mich echt schön. Gerade als ich mich vor dem Spiegel drehte, kam meine Stiefmutter in mein Zimmer. »Wo willst du denn hin?«, fragte sie. »Du siehst ja aus wie im dritten Monat schwanger.« Ui, das saß. Selbst wenn das gestimmt haben sollte, macht man so etwas? Ich ging zu der Party, doch etwas in mir glaubte ihr. Wie auch nicht? Niemand maßregelte sie, niemand sagte mir, dass das nicht stimmte, oder, wenn sie tatsächlich recht haben sollte, kaufte mir ein Kleid, in dem ich besser aussah. Seitdem ist die Scham über mein Aussehen und vor allem darüber, dass meine Selbstwahrnehmung (ich fand mich ja schön!) so völlig falsch war, mein steter Begleiter. Meine Stiefmutter war eine sehr schöne Frau, sie musste es wissen, davon war ich überzeugt. Schneewittchen lässt grüßen. Natürlich war ich vorher schon beschämt, sonst hätte sie nicht so leichtes Spiel gehabt, sondern ich hätte trotzig aufbegehrt – was gesünder gewesen wäre.

Und nun wollte ich mich in ein Hochzeitskleid werfen, die Schönste im Land sein, strahlen … Meine Inneres Kind hatte eine Höllenangst davor, dass wieder jemand daherkäme, der den Kopf schüttelte und sagte: »Die Susie. Was glaubt sie denn, wer sie ist? Tststs.« Mein armes Inneres Kind befürchtete, dass ich an meinem eigenen Hochzeitstag beschämt werden würde. Mit 33 Jahren.

All das Gerede über Geld und Vernunft – vergiss es! Es kostete mich große Überwindung, mir ein Kleid zu kaufen, doch ich tat es mir, meiner inneren Frau und meinem Inneren Kind zuliebe, und es war das schönste Kleid, das ich je gesehen habe. Selbst der Preis war tragbar.
Hätte ich nicht verstanden, worum es wirklich ging, hätte ich an den falschen Stellen für mich gesorgt. Ich hätte ein Secondhandkleid gekauft, um Geld zu sparen, und erfolglos versucht, noch eben schnell zehn Kilos abzunehmen. Und ich wäre traurig gewesen, hätte mich mit Plan B abgespeist – in einer Situation, die einzigartig sein sollte, der einzigen Gelegenheit, Braut zu sein. So ging ich in ein Brautmodengeschäft und kaufte mir und meiner Kleinen das schönste Prinzessinnenkleid. Ha! Und es war sogar ein kleines Stück zu weit!

Nimm dich ernst. Speise den entstehenden Schmetterling nicht mit Halbherzigkeiten oder Ersatzbefriedigungen ab, schon gar nicht aus Scham. Es könnte deine einzige Gelegenheit sein. Ein guter Freund, der an Krebs starb, sagte immer: »Carpe diem.« Das erlebe ich genauso. Nutze den Tag, du weißt nicht, wie viele du noch hast. Das Leben ist jetzt und jetzt und jetzt, nicht morgen.
Mache dir also eine Checkliste, und überprüfe deine Fähigkeiten. Meine sah so aus:

Habe ich genug Geld?
Ja, weil meine Eltern es mir ermöglichen. Danke dafür. (Hätte ich nicht genug Geld gehabt, dann wäre ein gebrauchtes Kleid vollkommen angemessen und in Ordnung gewesen! Aber nicht aus den falschen Gründen, nicht aus schamerfülltem Geiz.)

Gibt es ein schönes Kleid in meiner Größe?
In Größe 42? Das sollte machbar sein.

Habe ich den Mut, es zu kaufen und anzuziehen?
Das werde ich noch ein wenig üben dürfen …

Ein Hochzeitskleid, lächerlich, denkst du vielleicht, ich will von meiner Berufung leben können, das ist es, was der Schmetterling in mir möchte! Lasse mich dir anhand dieses Wunsches, dieses Imago, eine exemplarische Checkliste geben, die du entsprechend abgewandelt auf alle deine Lebensbereiche anwenden kannst. Reden wir also über Berufung als Beruf, weil das bestimmt viele von euch Lesern betrifft.
»Was bedeutet es, die eigene Berufung zu leben? Und was ist das überhaupt, eine Berufung? Wann ist der richtige Zeitpunkt, meinen ungeliebten Brotberuf aufzugeben und das zu tun, was ich wirklich tun möchte?« Das fragen mich Teilnehmer oft in den Seminaren und Vor-

trägen, die ich halte. Und dann folgt der Seufzer: »Das muss wundervoll sein, genau das zu tun, wozu man auf die Erde gekommen ist und was einen erfüllt, quasi das Hobby zum Beruf zu machen …«

Ja, es ist wundervoll, die Berufung zu leben. Und nein, mache bloß nicht dein Hobby zum Beruf! Denn die Bestimmung hat nur selten etwas mit dem Hobby zu tun, das man ausübt. Eine Berufung, wie ich sie erlebe, ist eine tiefe innere Kraft, die einen geradezu zwingt, sich mit einem Thema zu befassen, selbst dann, wenn man es gar nicht unbedingt möchte. Glaubst du im Ernst, es macht mich glücklich, mich mit den unermesslichen Schmerzen des Inneren Kindes auseinanderzusetzen und sie zu fühlen? Nein. Aber es erfüllt mich bis in die Tiefen meiner Seele, Wege aus dem Schmerz herauszufinden, und DAS macht mich glücklich.

Folgst du deiner Berufung, so schleift dich dein Weg, als wärst du ein Diamant. Er fordert von dir, vollkommen authentisch und aufrichtig zu sein, mutig, selbstbestimmt und selbstverantwortlich. Viele Faktoren müssen stimmen. Der Schmetterling muss wirklich geschlüpft sein. Auch die Zeitqualität muss mitspielen – nicht nur für dich, auch für diejenigen, die das, was du anbietest, kaufen sollen. (Doch, du musst das, was deine Berufung dich tun lässt, verkaufen, wie willst du sonst davon leben?) Und das vergessen viele Menschen, die zu früh ihren Job kündigen, um ihrer Berufung zu folgen. Glaube mir das bitte. Ich bin ungefähr fünfmal aus meinem Beruf als Krankengymnastin ausgestiegen und musste zurückkehren, weil ich nicht mehr wusste, wovon ich die Miete zahlen sollte oder das Brot. Aber nicht kleinlaut, zumindest nicht lange, sondern mit dem sicheren Wissen, dass es eines Tages klappen würde. Ich habe nebenher immer weitergemacht, Sitzungen und Entspannungsgruppen gegeben und Bücher geschrieben, aber mein Geld mit Physiotherapie verdient. Es braucht viele Faktoren, damit aus deiner Berufung, der du unbedingt folgen solltest, auch ein Beruf wird, der dich ernährt. Das eine bedingt nicht zwingend das andere. Steige nicht zu früh aus. Ständig in finanzieller Not zu leben, stärkt nicht gerade deine Kreativität. Zu lange an einer Sicherheit festzuhalten, natürlich auch nicht. Wann der richtige Zeitpunkt ist, erfährst du im nächsten Kapitel, wenn es um das Schlüpfen geht.

Ich gebe dir hier eine Checkliste, mit deren Hilfe du überprüfen kannst, ob du bereit bist, den Weg der Berufung als Haupterwerbsquelle zu gehen.

1. Bist du bereit, dich selbstständig zu machen? Es ist nur logisch, dass deine einzigartige Berufung in den seltensten Fällen eine Stelle in einer bereits existierenden Firma ist.

Oft werde ich zum Thema Berufung gefragt: »Ja, was IST denn nun meine Berufung?« Und der Klient erwartet eine Berufsbezeichnung, am besten noch die E-Mail-Adresse der passenden Firma. Nun, so funktioniert das schon einmal nicht. Deine Berufung ist das, was dir inniglich am Herzen liegt, das, was du auf deine Art in die Welt bringen willst. Den Ausdruck dafür zu finden und immer wieder anzupassen, ist ein Weg, den du selbst gehen darfst und musst. Es kann natürlich sein, dass es genau die offene Stelle gibt, wo du perfekt wirken kannst, aber es ist nicht die Regel. Meistens gibt es das, was durch dich auf die Erde kommen will, noch nicht, sonst wäre es keine Berufung. Deshalb dieser Imago-Prozess. Selbst wenn du genau weißt, welchen Beruf du ergreifen willst, so ist es doch deine Gesinnung, deine innerste Absicht, aus der heraus du diesen Beruf ausüben willst, die ihn zur Berufung macht. Und das macht es so schwierig. Denn sogar, wenn du genau den Beruf ergreifst, zu dem du dich berufen fühlst, so ist vielleicht die Art, wie du ihn in dieser

Firma oder auch in diesem Krankenhaus ausüben sollst, nicht die deine. Und dann lebst du vordergründig zwar deine Berufung, doch in Wahrheit erfüllst du nur eine Rolle.
Dich selbstständig zu machen ist häufig eine Notwendigkeit, wenn du wirklich authentisch von deiner Berufung leben willst.

2. Bist du bereit, die Verantwortung dafür zu übernehmen, dass du etwas Neues, Einzigartiges aufbaust, für das der Markt eventuell noch nicht bereit ist? Dass du also Vorreiter bist und viel Werbung machen musst?
Sei es in der Firma oder Behörde, in der du arbeitest, oder in der freien Wirtschaft, du bringst einen neuen Impuls mit, und der stößt zumeist erst einmal auf Widerstand. Das tut wirklich weh. Jetzt darfst du nicht an dir zweifeln, zumindest nicht lange und nicht nachhaltig. Vertraue dir. Die Zeit ist vielleicht noch nicht reif, bleibe am Ball. Dadurch, dass du deinem Impuls folgst und nicht aufgibst, reift die Zeit heran, hast du schon einmal daran gedacht? Du bereitest dir selbst (und auch Nachfolgern!) den Weg, den du dann später gehen wirst. Warte also nicht untätig darauf, dass du eines Tages Erfolg haben wirst. Denn dieser Erfolg kommt, eben weil du Vorreiter warst und bist. Und genau das gehört zu deiner Berufung dazu. Gäbe es das, wozu du berufen bist, schon, bräuchte es dich nicht. Es stimmt auch nicht zwingend, dass das, was durch dich kommen will, schon seine Abnehmer findet, wenn »es sein soll«. Sonst gäbe es nicht auf der eine Seite so viele Menschen, die in ihrem Beruf relativ mittelmäßig, durch gutes Marketing aber sehr erfolgreich sind, und auf der anderen Seite äußerst talentierte Menschen, die nicht sichtbar sind. Die meisten Menschen, die kein Marketing machen wollen, schämen sich schlichtweg dafür, sich in Position zu bringen. Das ist nicht hilfreich, wenn du ernsthaft von deiner Berufung leben willst.

3. Bist du bereit, das zu tun, was nötig ist, um Geld aufzutreiben und zu verdienen? Bist du überhaupt bereit, Geld für das zu nehmen, was du tust? Oder schämst du dich zu sehr?
Bedeutet: Bist du bereit, einen Businessplan zu machen, zur Bank zu gehen? Dich um Steuern und Rechnungen zu kümmern? Buchhaltung zu machen? Werbung zu schalten? Controlling zu machen? Deinen Marktwert zu erkunden und festzusetzen? Dich mit all dem Kram abzugeben, den es nun einmal braucht, damit ein Unternehmen zumindest eine Chance hat, erfolgreich zu werden?

Die meisten Menschen, die ihre Berufung leben wollen, sind Idealisten, Träumer und Spinner im allerallerbesten Sinne des Wortes. Das müssen sie sein, sonst würden sie nicht durchhalten. Um etwas Neues zu machen, braucht es eine gehörige Portion Idealismus. Nun, welcher Idealist gibt sich schon gern mit Umsatzsteuervoranmeldungen ab oder rechnet sich einen Stundenlohn aus? Ist es dir das wirklich wert? Die Frage meine ich ernst. Willst du von deiner Berufung leben, dann musst du dich mit all dem herumschlagen. Du musst bereit sein, Geld haben zu wollen und Preise festzusetzen.

Ich halte gar nichts davon, meine Arbeit auf »Spendenbasis« anzubieten. Das bedeutet nämlich nur, dass ich die Verantwortung für das, was ich brauche, damit mein Laden läuft, meinem Klienten übergebe (der überhaupt keine Ahnung davon hat oder zu haben braucht, was ich jeden Monat an fixen Kosten habe), und das halte ich für unfair. Wenn ich nicht sage, was ich brauche, dann kann mein Klient nichts dafür, wenn er mir zu wenig gibt. Denn: Die Wertschätzung hängt in keiner Weise davon ab, wie viel Geld du bekommst. Geld ist sehr unterschiedlich besetzt. Zwanzig Euro können für jemanden sehr viel sein. Wenn das aber dein Bruttostundenlohn ist, dann wirst du eben nicht diese wundervollen Sitzkissen besorgen können, die du deinen Klienten so gern anbieten würdest. Oder die Miete für deinen Seminarraum zusammenbekommen. Oder deine Krankenversicherung bezahlen. Niemand kennt deine festen Kosten und das, was du sonst so brauchst. Deshalb mache dir die Mühe, rechne dir einen vernünftigen Stundenlohn aus, überprüfe deine Zahl am Markt (!), und stehe dazu.

Ich habe am Anfang den Fehler gemacht, mir auszurechnen, was ich pro Stunde brauche, wenn ich das, was ich mache, jeden Tag acht Stunden lang täte. So funktioniert das aber nicht. Ich kann nicht jeden Tag acht Stunden lang Sitzungen geben. Ich brauche Auszeiten, Schreibzeit für Bücher, von denen ich vorher nicht weiß, was sie einbringen werden, Ausruhzeit, Studiozeit für meine CDs, die bezahlt werden muss, nicht bezahlte Bürozeit. Und nicht immer werden die Pläne voll. Du hast eben keinen Achtstundenjob mehr, bei dem du jeden Tag eine bestimmte Nettosumme verdienst. Mal bekommst du am Wochenende zweitausend Euro (brutto!), mal ein paar Wochen lang gar nichts. Obwohl du schuftest, schreibst, Marketing machst, Messen besuchst, Kontakte pflegst, die Buchhaltung erledigst. Die Kosten laufen dennoch weiter. Dein eigenes Selbstwertgefühl zur Grundlage dessen zu machen, was du am Ende dem Finanzamt melden kannst, halte ich für sehr vage und bedenklich, wenn du auf die Dauer am Markt bestehen willst. Weil sich das eben nicht in Zahlen ausdrücken lässt! Selbstwertgefühl in Bezug auf Geld bedeutet für mich: Ich weiß, was ich brauche, damit ich gut und sicher leben, gut für mich, meine Familie und meine Tiere sorgen, Seminarreisen vorfinanzieren, meinen Seminarraum bezahlen, mir Auszeiten nehmen kann, die ich dringend brauche, wenn ich Seminare gegeben habe, und damit ich meine Altersvorsorge auf einigermaßen sichere Beine stelle. Außerdem nehme ich pro Seminar maximal zwölf Leute, damit ich wirklich in die Tiefe gehen kann. Ich gestalte meine Preise entsprechend und lasse sie mir auch zahlen. Das ist für mich Selbstfürsorge. Wer sie nicht zahlen kann, nun, ich habe viele Angebote, die

gar nichts kosten, aber dann kann man nicht zu mir kommen und meine Seminare besuchen. Oder ein Klient bietet mir einen echten Ausgleich an. Ich erlaube aber nicht, dass mir jemand seinen Mangel weiterreicht oder mich gar mit seiner Not emotional unter Druck setzt. Was nicht heißt, dass ich nicht auch sehr gerne ein Seminar verschenke, aber wem, das entscheide ich, und zwar nur ich.
Mit all diesen Themen musst du dich herumschlagen, wenn du von dem, was du tust, leben willst. Wie auch immer du das für dich löst, du musst dich mit Geld und deinem Verhältnis zu ihm befassen und dieses nach außen hin vertreten.

4. Bist du bereit, die nötige Technik kennenzulernen und zu nutzen?
Homepage, Youtube, Onlineseminare, Voiceyou, Skype-Interviews usw. – viele Menschen, die sich nach ihrer Berufung sehnen, haben eine Art Berührungsangst vor der Technik, die sie nutzen sollten, um mit dem, was sie tun, sichtbar zu werden. Das macht nichts. Wenn die Hemmschwelle aber zu groß ist, findet das Gehirn eine Menge Ausreden, bestimmte Plattformen nicht zu nutzen. Das ist okay. Aber der Erfolg hängt auch davon ab, wie sichtbar wir in der Welt sind.

5. Bist du bereit, mit dem, was dich im Innersten bewegt, sichtbar zu werden und die Verantwortung dafür zu tragen?
Auch wenn dich deine Eltern nicht mehr verstehen, sich Sorgen machen, auch wenn deine Freunde dich fragen, was denn mit dir los ist? Auch dann, wenn deine Familie findet, du verbringst zu viel Zeit im Atelier oder mit merkwürdigen Leuten, und auch dann, wenn das, was du tun möchtest, in dieser Gesellschaft einen komischen Beigeschmack hat? Und du eventuell nur wenig Geld verdienst?
Das, was durch dich geboren werden will, ist brandneu, sonst wäre es keine Berufung. Das gibt es noch nicht. Darauf reagieren die Leute komisch. Du kannst womöglich deinen Lebensstandard nicht halten und musst dich zumindest für eine Zeit finanziell mit weniger

zufriedengeben. All das musst du aushalten. Das wirst du auch, leicht. Aber nur, wenn dein Inneres Kind in dir an einem sicheren Ort ist und der gereifte Erwachsene in dir Raum hat zu wirken.

6. Bist du bereit, anzuerkennen, dass deine Berufung kein Hobby mehr sein wird, wenn du davon leben willst?

Meine Berufung war nie mein Hobby. Es war schon immer viel mehr als das. Meine Hobbys sind Lesen, Pferde und Katzen zu hüten und zu streicheln, meine Wohnung zu dekorieren, zu tanzen, spazieren zu gehen, meinen Garten zu pflegen, mit Freundinnen kichernd Kaffee zu trinken und so weiter. Meine Berufung ist es, anderen Menschen zu ermöglichen, in tiefen Kontakt mit sich selbst und ihrer ureigenen Wahrheit zu kommen, und darüber zu schreiben. Wenn du deine Berufung leben willst, musst du gut werden in dem, was du tust, denn du trägst eine Menge Verantwortung. Wenn du deinem Hobby nachgehst, nun ja, dann bist du so gut, wie du eben bist, es hängt nicht viel dran.

Selbst wenn du Meister in dem bist, was du tust, so trägst du nicht viel Verantwortung, wenn es »nur« dein Hobby ist. Du hast eine Hintertür offen, und das ist auch gut so. Willst du aber deine Berufung leben, dann nimmt sie dich in die Pflicht und schickt dich auf den Weg zur Meisterschaft. Deine Berufung zu leben verlangt dir alles ab, es ist ein Dienst am Leben, kein Beruf. Es gibt kein Wochenende. Es gibt keinen Dienstschluss. Denn du bist innerlich immer mit dem beschäftigt, was dich ruft, immer auf dem Weg, einen noch besseren, authentischeren Ausdruck für das zu finden, was durch dich zur Erde kommen will.

7. Bist du bereit, deine romantischen Vorstellungen loszulassen und dich auch mit Enttäuschungen auseinanderzusetzen?

»Wenn du einen Traum leben willst, musst du erst einmal aus ihm erwachen«, sagen spirituelle Lehrer, und das ist eine gute Nachricht. Wenn du den Himmel, also deine Inspirationen, deine Träume, deine Seele, auf die Erde bringen willst, dann unterliegt dieser Prozess einer Art emotionaler Ausnüchterung.

Du bist auf der Erde und bist mit den irdischen Vorgehensweisen, Gefühlen und Gedanken vertraut. Wenn du weißt, dein Traum gerät in die Mühle der irdischen Gesetze (Zeit spielt plötzlich eine Rolle, Raum, du brauchst Gerätschaften, vielleicht eine andere Wohnung, Geld …), sobald du ihn leben willst, dann wird er dir vertraut. Es ist machbar. Du kennst die Schritte. Du brauchst keine Fee, die den Zauberstab schwingt, und plötzlich ist alles anders.

Du musst gut geerdet sein, damit du dein Leben gestalten kannst, gerade so, als würdest du tatsächlich gärtnern. Dabei machst du dir die Finger schmutzig, du schwitzt, bekommst Muskelkater, und die Mücken sirren um dich herum. Da fühlt sich vielleicht der Engel, die Prinzessin oder die Elfe in dir befleckt. Es gibt Unkraut zu jäten, Steine müssen aus dem Acker geklaubt werden. Der Boden will vorbereitet sein, sprich, es gibt Vorschriften, Ämter, Formulare, Vermieter, Bauvorschriften … (Und nein, in Deutschland sind das auch nicht mehr als in anderen Ländern, es ist überall kompliziert und aufwendig, wenn die Dinge laufen sollen. Nutze die Bürokratie nicht als Ausrede!) Die Dinge sind meistens realer als erwartet, irdischer, kantiger und rauer. Besonders für Menschen, die lieber mit dem Kopf in den Wolken schweben oder viel Scham und Schmerz in sich tragen, ist das schwer auszuhalten.

Was meine ich damit? Du hast ein Idealbild, wenn du daran denkst, deine Berufung als Beruf, gar als Broterwerb zu leben. Dieses Idealbild stimmt. Aber nicht nur. Da gibt es auch die anderen Aspekte: Rückschläge, finanzielle Schwierigkeiten, Neider vielleicht, Misserfolge, obwohl sich alles so gut anfühlte. Da ist vieles, was deine Scham aktivieren könnte. Manchmal so vieles, dass das Idealbild verloren geht. Behalte es im Herzen und im Kopf. Und dann gehe alles an, was nötig ist, um dieses Bild zu verwirklichen. Halte durch. Mache weiter. Du lernst. Du wirst immer besser. Die Zeit ist auf deiner Seite, wenn du dich für deine Impulse öffnest. Manche Rückschläge muss man erleben, um zu lernen, um sein eigenes Thema, die eigene Berufung noch besser zu erfassen und zu verstehen. Misserfolge schleifen dich, wenn du dich nicht zerbrechen lässt. Lasse dich nicht entmutigen, und suche dir Freunde, die dich ermuntern weiterzumachen, aber auch ehrlich sind und deutlich mit dir reden, wenn du dich verrennst. Du brauchst Menschen in deiner Nähe, die dich verstehen und die dir nicht sagen: »Was machst du auch für einen Quatsch, ich habe dir ja gleich gesagt, das wird nichts«, wenn du deiner Berufung folgen willst. Niemals darfst du anderen erlauben, dich zu beschämen, wenn du dich auf diesen so besonderen Weg machst. Du bist sowieso beschämt genug und musst das aushalten. Was glaubst du, wie sehr ich mich schäme, wenn ein Veranstalter absagt, weil sich nicht genug Teilnehmer gemeldet haben? Oder wenn eines meiner Bücher mit nur einem Stern bei Amazon verrissen wird? An manchen Tagen hilft nur eine stille Umarmung, eine Tasse Tee und ein Abend mit der Katze auf der Couch. Halte durch. Mache weiter. Korrigiere immer wieder die Richtung, aber behalte dein Idealbild im Herzen. Du wirst dich eines Tages auf einmal ganz überraschend in einer Situation wiederfinden, in der alles genau so ist, wie du es dir vorgestellt hast. Und dafür lohnt sich der ganze Weg.

Noch etwas. Weil dich das, was du so sehr liebst, tief berührt, überforderst du dich vermutlich regelmäßig. Du musst lernen, mit deinen Energien gut umzugehen, auch das gehört dazu, wenn du den Weg der Berufung gehst. Sei realistisch. Sei vernünftig. Suche dir Hilfe, frage Experten, wenn es welche gibt. Wähle deine Freunde klug. Mache diesen Businessplan. Und dann fliege auf den Schwingen deiner Inspiration bis hoch zu den Sternen.
Verstehst du? Hinterfrage die Gründe, aus welchen du dir deine Träume auszureden versuchst. Manchmal treffen die Gründe zu, aber nur sehr selten. Deshalb der Realitätsabgleich. Wenn du verstanden hast, welcher Teil in dir tatsächlich Angst hat und sich schämt, zum strahlenden Schmetterling zu werden (oder wenn du zumindest weißt, welcher es nicht ist), dann mache bitte folgende innere Reise:

Innere Reise

DIE SCHAM MITFÜHLEND BERÜHREN

Mache es dir bequem, und erlaube dir zu atmen. Mache dir bewusst, dass es in dir eine Scham gibt, ein Gefühl, als wärst du irgendwie falsch. Erlaube dir, eine Situation vor deinem inneren Auge wahrzunehmen, in der du diese Scham spürst, egal, welche. Scham ist

Scham, egal, wann sie entstanden ist und wodurch sie aktuell ausgelöst wird. Nimm also bitte diese Situation wahr. Sind es mehrere, dann entscheide dich für eine. Du kannst dir die anderen gern später noch anschauen, aber nicht alle gleichzeitig.
Erlaube dir nun, zu fühlen, was du in dieser Situation wirklich gefühlt hast, also genau das, was du damals wahrscheinlich verdrängtest. Und ja, das fühlt sich nicht gut an. Es ist aber deine emotionale Wahrheit. Mache dir bitte aus Liebe zu dir selbst die Mühe, sie zu fühlen.
Nun, wenn du diese Gefühle von damals noch einmal ganz deutlich spürst, stelle dir bitte vor, sie wären eine Farbe oder eine Art Rauch oder Nebel in deinem Körper. Das darf ruhig schwarzer Rauch sein oder ein stumpfes Grau, es ist ja unangenehm, alles andere als lichtvoll.

Erlaube dir bitte unbedingt, die Dinge jetzt in diesem Moment so wahrzunehmen, wie sie sind, unternimm nichts, um sie zu besänftigen. Siehst oder spürst du diesen dunklen Rauch, diese Farbe? Dann stelle dir bitte jetzt vor, du lässt diesen Qualm oder die Farbe in die damalige Situation hineinströmen. Überallhin. Du kannst dir sogar vorstellen, du lässt diesen Rauch zu der Person strömen, die dich beschämt und verletzt hat. Doch, das darfst du. Lasse also alle diese Gefühle dahin strömen, wo sie hingehören, in diese Situation zurück. Nimm jetzt bitte wahr, wie sich die Situation dadurch verändert. Fühlst du dich erleichtert, freier irgendwie? Lasse dir Zeit damit, und lasse wirklich all deine Gefühle dahin strömen, wo sie entstanden sind.

Schaue dir jetzt bitte noch einmal die Situation an, in der du beschämt wurdest. Nimm dich wahr, wie du dastehst, verstummt und erstarrt.
Stelle dir nun bitte vor, dass du als die Person, die du heute bist, in diese Situation mit hineingehst. Du bist nun zweimal da, als das Kind oder der Erwachsene von damals und als der Mensch von heute. Nimm nun bitte dein jüngeres Ich in den Arm, und sage dir: »Ich bin jetzt da für dich. Ich passe auf dich auf, und ich beschütze dich. Ich sehe deinen Schmerz, und du hast mein volles Mitgefühl.«
Wie geht es dir damit, deinem jüngeren Ich und deinem Ich von heute? Kannst du gut auf dich aufpassen, dich selbst beschützen? Gehe nun zu demjenigen hin, der dich beschämt hat, und sage ihm: »Ich erlaube dir nie wieder, mich zu beschämen und zu entmutigen. Nie wieder. Aber ich sehe auch deinen Schmerz.« Sage den letzten Satz bitte nur, wenn es stimmt. Verlasse dann mit deinem jüngeren Ich den Raum beziehungsweise die Situation. Achte bitte darauf, dass du dich selbst, dein jüngeres Ich, vor dem Angreifer verteidigst. Du kannst natürlich auch gute Kräfte zu Hilfe rufen. Aber erst, wenn du alles für dich getan hast, was in deiner Macht steht. Das stärkt dein Selbsterhaltungsbewusstsein, dein Wurzelchakra.
Denke nun bitte an das, was vor dir liegt, an das, was sich in dir entfalten will, an das, wovor du zurückscheust.
Erlaube nun dem Anteil in dir, der Angst von dem Scheitern hat oder sich vor Beschämung fürchtet, sich zu zeigen. Nimm ihn ernst, höre ihm zu, lasse ihn dir von seinen Sorgen erzählen.
Wenn du magst, nimm diesen Anteil nun in den Arm. Und denke ganz logisch darüber nach, ob er recht hat oder ob du das Risiko, das er befürchtet, eingehen kannst. Nun erkennst du auch, wie viel dir die Verwirklichung deines Traumes wert ist. Bist du bereit, das Risiko zu tragen, weil du weißt, du wirst einen Weg finden, mit einem negativen Ausgang umzugehen? Oder spürst du gerade jetzt,

dass du lieber einen Rückzieher machen willst? Manche Sorgen sind berechtigt. Manche sind das Ergebnis schlechter Erfahrungen, deren Wiederholung du leicht verhindern kannst. Und das erkennst du jetzt: Was braucht dieser Anteil, um ruhig zu werden, um Vertrauen zu fassen oder um bereit zu werden, das Risiko, das du nicht ganz ausschließen kannst, einzugehen? Kannst du ihm geben, was er braucht? Kannst du die Verantwortung dafür übernehmen, dass eventuell eine Situation entstehen wird, von der du im Moment noch nicht weißt, wie du sie meistern wirst?

Wenn du das noch nicht sicher beantworten kannst, dann lasse die Fragen stehen. Du bist noch im Kokon, es gibt noch nichts zu tun, als dich mit diesen Themen zu befassen.

Komme dann in deiner Zeit in den Raum zurück, in dem du dich befindest, und führe diese innere Reise so oft durch, wie es eben nötig ist. Meistens tragen wir viele Beschämungen in uns. Manche wollen angeschaut werden, andere lösen sich dadurch gleich mit auf.

Warst du als Kind unerwünscht, dann trägst du die Scham über dein bloßes Dasein in jeder Zelle. Diese Scham kann ganze Generationen umfassen, sogar ein Ahnenthema sein, zum Beispiel dann, wenn deine Familie heimatvertrieben ist oder Opfer oder Täter während einer der irrsinnigen Weltkriege und Völkermorde war.

Es gibt noch eine andere innere Reise, die ich dir anbieten möchte, eine Reise, die du immer dann durchführen kannst, wenn du nicht weißt, ob du ein bestimmtes Risiko eingehen solltest oder nicht. Es gibt einen Menschen, einen einzigen, der das weiß und der das Recht hat, für dich zu entscheiden.

Lies diese innere Reise bitte erst durch, bevor du dich entscheidest, ob du dich auf sie einlassen willst oder nicht.

Innere Reise

DIR SELBST BEGEGNEN

Entspanne dich, und mache dich bereit, dem wichtigsten Menschen deines Lebens zu begegnen, dem, der alle Entscheidungen treffen darf und sollte, weil er sie durchlebt. Stelle dir bitte ein wunderschönes Zimmer oder einen behaglichen Kraftort in der Natur vor, genau so, wie du es liebst. Es gibt eine Liegefläche, ein Bett oder ein Lager. Du gehst auf dieses Lager zu und erkennst, hier liegt ein Mensch. Ein sehr alter. Ein Mensch, der sehr bald sterben wird. Du nimmst den Frieden wahr, in dem dieser Mensch ist. Er hat ein erfülltes, reiches Leben gelebt, das spürst du, und das Sterben ist die Fortsetzung, die nächste Stufe dieses erfüllten Lebens. Noch nie hast du einen Menschen getroffen, der so sehr im Frieden mit sich und seinem Schicksal ist. Du näherst dich diesem Menschen, und auf einmal erkennst du – das bist du selbst. Du begegnest deinem zukünftigen, sterbenden Ich. Der Mensch auf dem Sterbelager lächelt dich an und bedeutet dir, dich zu ihm zu setzen. Du nimmst deine eigene Hand, wenn sich das für dich gut anfühlt. Wenn du magst, dann kannst du den Sterbenden fragen, ob er etwas von dir braucht. Doch vermutlich tut er das nicht. Er ist so sehr im Frieden mit sich und der Welt, dass er nun dir etwas geben kann.

»Es ist gut, dass du kommst«, sagt dein älteres Ich nun zu dir, und du erkennst, dass das stimmt. Denn wer sollte besser wissen, welche Entscheidung die richtige für dich ist, als dein älteres Ich, das die Folgen deiner Entscheidungen gelebt hat?

»Worauf willst du zurückblicken?«, fragst du nun den sterbenden Menschen. »Welche Entscheidung wünschst du dir von mir? Welchen Weg soll ich gehen?«

Vertraue dir. Vertraue darauf, dass dein älteres Ich ganz genau weiß, welcher Weg der dich erfüllende ist, auch wenn er mögliche Risiken birgt. Es kennt dich. Es weiß, welche Risiken du dir einzugehen zutrauen kannst und welche nicht. Frage also dein sterbendes Ich, dich selbst in vielen Jahren, welchen Weg du dir wünschst, gegangen zu sein. Nichts ist schmerzlicher, als auf jene Gelegenheiten zurückzublicken, die du aus Feigheit, Angst oder aufgrund von Co-Abhängigkeit verpasst hast, das weiß die Sterbeforschung. Versprich dir selbst, alles daranzusetzen, deinen Weg, den, auf den du zurückblicken möchtest, zu gehen. Versprich, dein Bestes zu geben, jeden Tag neu. Mehr braucht es nicht.
Verabschiede dich nun von dir selbst. Wenn du willst, dann danke dir selbst für deinen Mut, dein Durchhaltevermögen. Spüre die Liebe zu deinem sterbenden Ich, und wenn du willst, dann verneige dich vor dir. Rufe dir selbst die Schutzengel und all die geistigen Wesenheiten, die dich auf deinem Weg nach Hause begleiten, wenn sich das für dich gut anfühlt. Vielleicht sind sie auch schon da. Und dann verlasse den Raum. Gehe zurück in dein Leben, und lebe es so, wie du es dir wünschen wirst, gelebt zu haben. Jetzt.

Die Werkzeuge, die dir bei dieser vierten Imago-Stufe helfen, hier noch einmal im Überblick:

- Mache dir bewusst, dass sich womöglich deine Scham zeigt, wenn du auf einmal zögerlich wirst. Dieses lähmende Gefühl, diese Müdigkeit, das ist sie.
- Lerne, dich selbst zu coachen und mitfühlend mit dir selbst zu sein.
- Mache dir einen Plan, überprüfe die Fakten: Was ist machbar, was braucht noch Entwicklungszeit? Welche Risiken gehst du ein, welche kannst du minimieren, mit welchen musst du leben?
- Suche dir Hilfe. Frage Menschen, die das, was du dir ersehnst, bereits leben, was du beachten solltest.
- Mache dir bewusst, dass du einen vollkommen neuen Weg gehst, auch wenn andere ihn bereits gegangen sind. Es gibt Hilfen und Wegweiser, und es gibt unerforschtes Gebiet. Lerne, beides voneinander zu unterscheiden, indem du dich umfassend informierst. Warum? Weil dich deine Scham sonst lähmt. Überprüfe also die Argumente, die du eventuell nur als Ausreden benutzt. Warum? Damit du wirklich alles entwickelst, was der in dir entstehende Schmetterling braucht. Damit du nicht aus den falschen Gründen kurz vor dem Schlüpfen aufgibst.

TOKYO 17680 KM.
NONO Islas Salomon 13618 KM.
AMSTERDAM 11554 KM.
ROMA 11370 KM.
LONDRES 11204 KM
MADRID 10682 KM.
NUEVA YORK
USHUAIA 2566 KM
BARILOCHE 1179 KM.
POSADAS 1006 KM
BUENOS AIRES
ROSARIO 423 KM
STA. FE 407 KM.

STUFE FÜNF:

Der Schmetterling schlüpft

oder:

MUSS ICH WIRKLICH IN DIESES KALTE WASSER SPRINGEN?

Und es kam der Tag, sagt Anaïs Nin sinngemäß, da war der Schmerz darüber, in der Knospe zu verharren, größer als die Angst vor dem Erblühen.
Plötzlich, eines schönen Tages, du fährst wie immer zum Einkaufen, fällt dir dieses leerstehende Ladengeschäft auf. Begegnet dir dieser Mann. Liest du etwas in der Zeitung, was dich aufhorchen lässt. Fährt dir wie ein Geistesblitz die Lösung eines Problems, mit dem du dich schon lange herumschlägst, durch den Kopf, und du fragst dich, warum du auf das Nächstliegende nicht schon früher gekommen bist. Ruft dich der Leiter einer Uniklinik an und fragt dich, ob du einen Vortrag halten könntest, er hätte von dir gehört. Vor Fachärzten. Über ein esoterisches Thema. Das Leben kommt dir genau den Schritt entgegen, auf den du schon so lange wartest, den du befürchtest oder gar zu erzwingen versuchtest – und du fühlst dich gänzlich unvorbereitet. Nun, das macht nichts. Besser wird's nicht. Auch der Schmetterling ist noch nicht fertig, wenn er schlüpft. Die Flügel sind weich und nass, die Fühler nicht ausgerollt … würde er in den Spiegel schauen, würde er sich ganz sicher nicht als das prachtvolle, zauberhafte und vor allem flugfähige Geschöpf erkennen, das er ist. Oder eben noch nicht ist. Schlüpfen muss er dennoch, und das ist der Moment, in dem er am verletzlichsten ist. Er kann noch nicht fliegen, er ist noch nicht so weit, die Flügel müssen erst aufgepumpt werden, trocknen und aushärten. Das dauert, und in dieser Phase ist er ungeschützt.

Jetzt brauchst du deinen ganzen Mut. Wenn dir das Leben die Hand reicht, dann bist du so weit. Schenkt es dir diese plötzlich auftretenden Synchronizitäten, spürst du, die Zeit ist reif, es soll irgendwie sein, dann nimm deinen ganzen Mut zusammen, und schlüpfe. Zeige dich. Du bist durch den gesamten bisherigen Prozess so gut gerüstet wie nur möglich, auch wenn du dich völlig unvorbereitet fühlst.

Das Leben weiß, wann du zum Brautwalzer bereit bist, und das ist jetzt. Wurstle dich lieber durch, als zu kneifen. Es kann ein Zwischenschritt sein, den du brauchst, um an deinem eigentlichen Ziel anzukommen.

Was heißt das? Seit einigen Monaten spürst du, du brauchst ein neues Auto, dein altes fährt noch, aber es wird der Tag kommen, da bleibst du mit ihm liegen, das weißt du. Das ist kein negatives Denken, sondern das spürt dein Bauch. Du bist unterwegs – und auf einmal fällt dir ein Auto am Straßenrand auf, eines, das zum Verkauf steht. Bleibe jetzt bitte stehen. Fahre es Probe. Es muss noch nicht deines sein, aber nimm deinen Impuls ernst. Das Leben reicht dir die Hand und bestätigt dich in dem, was du spürst. Das ist ein total banales Beispiel. Willst du es dramatischer?

Seit Jahren will sich eine Klientin von ihrem Mann trennen, sie hat längst gesundheitliche Probleme, weil sie solche Angst vor seiner Reaktion hat. Etwas in ihr weiß, sie wird es nicht allein schaffen, sie nimmt schon seit Jahren all ihren Mut zusammen, doch es reicht nicht. Zu groß ist die Angst um die Kinder und vor dem Alleinsein, obwohl sie in ruhigen Minuten weiß, dass sie es schaffen wird. Auch das ist kein negatives Denken, sondern tiefste Angst, die man ernst nehmen muss. Meine Klientin ist gut vorbereitet, hat sich bei Scheidungsanwälten erkundigt, auf deren Geheiß sogar seine Unterlagen durchgeschaut, weil sie ahnt, dass er ihr eine Menge seiner Gewinne verheimlicht. Dennoch kann sie das letzte, klärende Gespräch nicht führen. Die Zeit drängt, das spürt jeder. Sie ist todunglücklich und hat, das ist wichtig, alle Informationen beisammen, die sie braucht. Sie weiß, wohin sie ziehen will, und sie hat bereits nach passenden Häusern geschaut. Ja, sie sortiert sogar schon ihren Hausstand aus und bereitet die Kinder vor. Der Prozess läuft seit Jahren, und sie ist ihm gefolgt. Doch schlüpfen, das kann sie nicht. Es wird

brenzlig, es geht ihr wirklich schlecht. Da mischt sich eines Tages ihr Vater ein. Er fährt zu ihr, vierhundert Kilometer, unangekündigt. Er kann ihren Schmerz nicht mehr ertragen, und es wird Zeit, dass endlich Tacheles geredet wird, sagt er. Er handelt völlig gegen ihren Willen, ist übergriffig, so massiv, dass sie beinah zusammenbricht. Das geht natürlich gar nicht, und doch – jetzt ist sie frei. Es musste sein. Sie hätte es nie aus eigenem Antrieb geschafft.
Das Leben gibt dir manchmal einen wirklichen Tritt, es ist nicht zimperlich, wenn es sich weiterentwickeln will. Das ist auf gar keinen Fall ein Aufruf, von nun an andere zu deren Glück zu zwingen, um Himmels willen. Aber manchmal, in seltenen Fällen, muss sich einer bereit erklären, der Buhmann zu sein. Vielleicht hätte sie es auch anders geschafft. Vermutlich aber nicht. Vielleicht hätte sich ihr Mann von ihr getrennt, er hatte schon lange eine andere, das erfuhr sie bei dem Gespräch. Vielleicht war es doch zu früh, einen Tag später hätte er womöglich das Gespräch gesucht, vielleicht wäre das Ganze dann friedlicher abgelaufen. Vielleicht aber auch nicht. Der Impuls des Vaters war so stark, ihr Hilferuf aus dem Kokon heraus so laut, dass es die einzig richtige Lösung war. Er hätte es sich niemals vergeben, sagte er, wenn er seine Tochter in diesem Moment entgegen seines Gefühls hätte hängen lassen. Und sie wäre womöglich noch immer in dieser so verletzenden und längst toten Ehe gefangen, würde halb verhungert im Kokon festhängen.

Wenn du zu lange wartest, dann verlierst du Kraft. Dann sterben Anteile in dir ab, und du bist eines Tages nicht mehr in der Lage zu tun, was der Schmetterling in dir so gern täte – er vertrocknet. Doch es gibt zum Glück über einen längeren Zeitraum hinweg sehr klare Hinweise, wenn die Zeit zum Schlüpfen gekommen ist. Irgendwann aber musst du ins kalte Wasser springen, ohne Garantie, das ist einfach so. Mehr bekommen weder der Schmetterling noch wir vom Leben. Es baut auf unser Vertrauen.

Eine Bekannte hatte seit einigen Jahren eine Affäre. Die klassische Variante: Chef und Angestellte, er verheiratet, sie voller Hoffnung auf eine gemeinsame Zukunft. Zum Glück schaffte sie den Absprung, fand eine Zwischenlösung in Form eines Mannes, der ihr half, aus dieser Affäre auszusteigen. Doch das war einer dieser sehr seltenen Fälle, in denen sich der Mann, ihr Chef, tatsächlich trennen wollte. Er zog ins Hotel, trennte sich von seiner Frau, die auch noch bei ihm in der Firma arbeitete. Er kroch zu Kreuze und bat seine Freundin, zu ihm zurückzukommen, bat sie, mit ihm zusammenzuziehen, sie sei die Frau seines Lebens. Sie liebte ihn immer noch sehr, die beiden waren tatsächlich wie füreinander geschaffen. Den Schmerz der Ehefrau lasse ich jetzt außen vor, das ist eine andere Geschichte – sie hatte ihren eigenen Imago-Prozess. Die Freundin, die gern zu ihm zurückkommen wollte, stellte Bedingungen. Er sollte ein Haus mieten und die Scheidung einreichen. Außerdem würde sie sich eine andere Stelle suchen, sie könnte nicht weiter als Angestellte bei ihm arbeiten.

Das alles klang sehr vernünftig. Sie gab ihm ein Lastenheft, damit sie erkennen konnte, ob er es ernst meinte. Er erfüllte alle Punkte. Er mietete ein zauberhaftes Haus, er reichte die Scheidung ein, half ihr sogar, eine andere Stelle zu bekommen. Alles schien geregelt. Und nun bekam sie kalte Füße, panische Angst vor Verletzungen, davor, verlassen zu werden, sich selbst zu verlieren, das volle Programm. Sie hatte noch nie eine längere Beziehung geführt, die Affäre, so schmerzhaft sie auch war, hatte ihr ganz gut in den Kram gepasst.

Und da stehen die beiden nun. Er hat das Haus, ein geregeltes Leben, er ist mehr als bereit, sie mit offenen Armen zu empfangen, und versteht nicht, dass sie einen Rückzieher macht. Sie muss nun, wenn sie wirklich einen Schritt weitergehen will, all ihren Mut zusammennehmen und sich auf die Beziehung mit ihm einlassen. Voller Vertrauen. Aber nicht nur in ihn, sondern vor allem in sich selbst. Sie kann nicht wissen, ob sie nicht wieder verletzt wird, niemand kann das. Wenn der Schmetterling schlüpft, ist er extrem verletzlich. Aber nicht lange. Er hat neue Kräfte entwickelt, die er noch gar nicht kennt: Er kann fliegen, ohne dass er es je ausprobiert hätte. Auf diese neuen Kräfte darf sich meine noch zaudernde Bekannte verlassen. Und auch du darfst das.

Du hast Kräfte entwickelt, die du noch nicht kennst, und sie wollen nun zur Entfaltung kommen.

Lies dir diesen Satz bitte noch einmal durch, und glaube mir. Aus diesem Kokon herauszuschlüpfen, also den Mut zu fassen, tatsächlich den Schritt nach außen zu wagen, ist wie ein Quantensprung hinein in ein neues Leben. Die Veränderung ist unumkehrbar. Du wirst nie wieder so sein wie zuvor, du kannst auch nicht mehr in den Kokon zurückschlüpfen.

Um einen Quantensprung zu schaffen, der das Elektron auf eine energiereichere Außenschale bringt, braucht das Atom eine externe Energiezufuhr. Und deshalb ist jetzt die Zeit gekommen, gute Kräfte um Hilfe zu bitten.

Ein Beispiel, wieder ein ganz kleines, das aber exemplarisch ist:
Noch einmal meine Hochzeit. Ich habe nun dieses Kleid an, bin bei meiner eigenen Hochzeitsfeier. Wir hatten, wie sich das gehört, einen Hochzeitstanzkurs für den Brautwalzer gemacht. Doch am Tag der Hochzeit war mein Partner nicht in der Lage, mit mir diesen Tanz zu tanzen, aus Gründen, die keiner der Gäste, schon gar nicht die Eltern und Verwandten, verstanden hätte. Mein Partner war depressiv, das wussten wir damals aber noch nicht. Vor allen Gästen zu tanzen war für ihn plötzlich undenkbar, das spürte er in der Minute, in der dieser Walzer gespielt werden sollte, es ging einfach nicht. Nun stand ich da. Alle erwarteten diesen Tanz von uns, und ich konnte nicht sagen »Nee, mach ich nicht«, das schaffte ich einfach nicht. Erklären konnte ich es auch nicht. Zum Glück habe ich einen Bruder. Ich fragte ihn, ob er mit mir diesen Tanz tanzen wollte, und ich hatte wirklich Angst vor der Reaktion unserer Eltern. Mein Bruder sagte zu und fragte, wann. Mir wurden die Knie weich. Wie sollte ich diesen Walzer erklären? Ich wollte auf keinen Fall meinen Partner bloßstellen, niemand wusste, dass er oft wirklich nicht gut drauf war, schon gar nicht seine Eltern. Deren Sorgen um ihren Sohn hätten das Ganze noch weitaus schlimmer gemacht.

An diesen Moment erinnere ich mich ganz genau. Ich habe ihn absolut bewusst wahrgenommen. Ich bat meine Engel und alle guten Kräfte um Hilfe, den Mut zu finden, zur genau richtigen Zeit mit meinem Bruder den Brautwalzer zu tanzen, und mich nicht bei meiner eigenen Hochzeit zu blamieren oder meinen Partner in Schwierigkeiten und Erklärungsnot zu bringen. Ich schämte mich so sehr,

und ich machte mir Sorgen um meinen Partner, den ich ja auch noch emotional auffangen musste. Statt von ihm geführt zu werden, hatte ich auf einmal das ganze Brautwalzerthema am Hals. Er klinkte sich aus, und ich musste unsere Gäste unterhalten.
Auf einmal spürte ich ganz deutlich einen Energieschub. Es entstand eine Art Freiraum, ein Raum, in dem ich keine Angst mehr hatte, sondern der mir die Möglichkeit gab, jetzt, genau jetzt, mit meinem Bruder auf die Tanzfläche zu gehen. Ich musste dennoch selbst handeln, das nahm mir keiner ab. Doch etwas, irgendeine gute Kraft, gab mir die Möglichkeit dazu, diesen Schub, diese plötzliche Freiheit. Hätte ich diesen Moment verpasst, das weiß ich genau, wäre er vorbei gewesen. Meine Scham, die Angst und das ganze innere Drama hätten wieder überhandgenommen.

Du brauchst nicht ständig und immer Hilfe. Aber manchmal brauchst du diesen Raum, dieses Losgelöstsein von dem, was du üblicherweise in dir fühlst, eine Energiezufuhr, damit du deinen Quantensprung vollziehen kannst. Wenn du darum bittest, dann bist du offen, diese Energie auch tatsächlich zu bemerken, wenn du sie empfängst.
Mich beim Brautwalzer zu zeigen war ein kleiner Quantensprung. Aber die großen funktionieren genauso, es ist immer ein kleiner Schritt nach dem anderen. Und für jeden brauchst du inneren Freiraum.
Wir wissen nicht, wodurch der Schmetterling letztendlich den Impuls bekommt, den Kokon zu öffnen. Aber dass er ihn eines Tages öffnen wird, das wusste bereits die Raupe. Und so hat sie einen Ausgang hineingewoben. Was heißt das für dich? Die Kräfte, die Gelegenheiten, die du brauchst, hast du dir auf einer höheren Ebene schon bereitgelegt. Es ist alles schon da, auch dein neues Wirkungsfeld. Es ist nur noch nicht geboren. Und das kennst du. Denn auf einmal fühlst du etwas ganz real, ganz lebendig, was dir bislang immer nur mental klar war. Ein Satz, eine Erkenntnis bekommt auf einmal eine echte Bedeutung, wird lebendig, lebbar. Du hast das, was

du heute brauchst, um den Kokon zu verlassen, schon oft gelesen, gesagt, gedacht. Es ist meistens nicht neu. Aber du hattest es noch nicht verinnerlicht, weil es diese Reifezeit brauchte. Doch dieses neue Bewusstsein ist deine Tür aus dem Kokon hinaus.

Das Schlüpfen funktioniert so: Eines Tages spürst du, es ist so weit. Du kannst nicht sagen, warum, du weißt es einfach. Doch du brauchst nur das zu tun, was heute ansteht. Der schlüpfende Schmetterling muss noch nicht fliegen, es genügt, wenn er heute den Kokon durchbricht, sich zu zeigen beginnt. Für dich kann das heißen, einen Anruf zu machen, eine Bewerbung zu schreiben, einen Wohnungsmakler anzurufen, eine Annonce aufzugeben, eine eigene Trommel zu bauen usw. Ich biete dir hier eine innere Reise an, die dir hilft, Mut zu fassen, den Kokon zu verlassen. Dein innerer Schmetterling schlüpft, anders als ein echter, vermutlich in Schüben. Es werden immer wieder neue Aspekte geboren, die jedes Mal Mut brauchen, um sich zu entfalten. Mache also diese innere Reise so oft, wie du sie als hilfreich empfindest.

Innere Reise

DIR HILFE BEIM SCHLÜPFEN HOLEN

Wie immer machst du es dir bequem, entspannst dich auf eine Art, die für dich funktioniert. Visualisiere dich selbst im Kokon, eingehüllt in eine schützende Schicht, sicher und geborgen. Vielleicht nimmst du dich auch wie ein Baby wahr, das noch in der Gebärmutter schlummert. Wie geht es dir hier? Ist es gut, hier zu sein, oder wird es Zeit, diese schützende Hülle zu verlassen? Bist du gar bereits dabei zu schlüpfen? Das kann durchaus alles zugleich stimmig sein.

Stelle dir nun vor, du hättest eine Art Fühler, goldene, silbrige oder weiße. Erlaube diesen Fühlern, sich aus dem Kokon hinauszutasten, das können sie, denn sie sind wie Licht. Taste mit diesen Lichtfühlern in das Energiefeld hinein, das auf dich wartet, das gelebt werden will. Die Fühler kennen den Weg, auch wenn du noch nicht genau weißt, wohin die Reise nun tatsächlich geht. Wie fühlt sich das an? Innere Bilder dürfen kommen, doch viel wichtiger ist die Qualität dessen, was du spürst. Erlaube, dass die Kraft dieser zukünftigen Wirklichkeit in dich einströmt, dich im Kokon berührt und nährt. Es kann sein, dass du nun aufatmest, dich ruhiger und gelassener fühlst. Doch auch eine positive Aufregung kann dich durchfließen. Nimm die Kraft an, die dir dein zukünftiges Leben schenkt. Jetzt bitte darum, dass dir zum genau richtigen Zeitpunkt Hilfe zuteil wird. Bitte das Leben oder deine geistigen Kräfte, Führer und Lehrer, dir den Mut und die Kraft zu geben, dich zu zeigen, wenn die Zeit reif ist.

Erlaube nun dieser geistigen Energie, dich zu berühren, und nimm wahr, dass du dich sicherer und ruhiger fühlst. Entscheide jetzt, zum richtigen Zeitpunkt den Schritt ins Leben zu gehen, egal, was passiert. Biete dich dem Leben zum Tanz an, triff die Entscheidung zu schlüpfen, wenn es von außen anpocht. Du spürst, dass du diese Entscheidung getroffen hast, wenn dich auf einmal Kraft und Klarheit durchströmen. Zweifel und Unsicherheit fallen ab, und du wirst ganz ruhig. Egal, ob heute der Zeitpunkt zum Schlüpfen gekommen ist oder noch nicht, du weißt, du wirst dich zeigen. Schenke dir selbst nun ein Lächeln und ein deutliches Ja zu dem, was in dir geschieht und was neu durch dich gelebt werden will. Das Leben kommt dir entgegen, wenn du den ersten Schritt tust, das spürst du auf einmal ganz deutlich.

Du bist nun so bereit, wie es überhaupt nur möglich ist, diesen Schritt zu tun. Erlaube nun, dass sich die inneren Bilder entfalten, vielleicht siehst du auf einmal einen schlüpfenden Schmetterling, oder du bist bei deiner eigenen Geburt dabei. Vielleicht bist du vollkommen entspannt im Kokon und weißt, alles geschieht zur richtigen Zeit. Ziehe nun deine Fühler zurück, oder bleibe verbunden mit dem Kommenden, je nachdem, was sich in diesem Moment für dich besser anfühlt. Lasse alles in dir sein, wie es ist, und komme mit diesem Gefühl und diesen inneren Bildern zurück in den Raum, in dem du dich befindest.

»Ich würde ja so gern … aber ich habe Angst«, höre ich oft von Teilnehmern. Und: »Ich muss erst diese Angst überwinden.«

Bist du sicher? Wie wäre es, wenn du dich dennoch, mit der Angst, zeigtest? Fast alle, die ich kenne, haben Angst, wenn sie sich endlich mit dem, was ihnen am Herzen liegt, aus dem Kokon heraustrauen. Und sie tun es dennoch. Würden all die Künstler, Unternehmer, Hausbauer, Eltern und Zirkusartisten warten, bis sie keine Angst mehr vor der Veränderung, vor dem unbekannten Neuen, vor Beschämung, Verletzung, vor Verantwortung und vor dem Versagen hätten, wären wir noch in der Steinzeit. Achte aber bitte auf dein

Bauchgefühl. Es gibt Angst, und es gibt berechtigte Angst, die dich auf eine echte Gefahr hinweist. Manchmal ist diese echte Gefahr gar nicht außen, sondern innen. Wenn du zu sehr verletzt und beschämt wurdest, dann gibt es einen Teil in dir, der ernsthaft Angst hat, sich zu zeigen, egal, wie groß und stark du sonst daherkommst. Ja, es kann sogar sein, dass du oder einer deiner Ahnen für genau das, was du Neues in dein Leben rufen willst, getötet wurde. Oder dass es in deiner Ahnenlinie eine bestimmte Fähigkeit schon einmal gab und damit Unfug getrieben wurde. Du oder deine Ahnen versagten, konnten nicht helfen, missbrauchten Vertrauen. Das steckt in den Knochen, zumindest in den Genen. Wir wissen, dass Traumen weitervererbt werden, sie verändern die DNA, das kann man nachweisen. So kann es sehr wohl sein, dass ein Teil in dir panische Angst hat, dieses Trauma wieder zu erleben, ohne dass du überhaupt eine Idee hast, was da wohl schiefgelaufen sein könnte.

Schauen wir genauer hin. Suche dir bitte Hilfe, wenn du das nicht allein kannst. Ich biete dir eine innere Reise an. Sie ist eher wie eine Therapiesitzung, aber du musst da nicht alleine durch. Manchmal ist es sehr hilfreich, wenn einem jemand zur Seite steht, denn du kannst dich dann ganz fallen lassen. Bitte also eine Person deines Vertrauens, dich zu begleiten, wenn du dich dadurch besser fühlst. Diese innere Reise ist sehr spirituell, was ich bisher vermieden habe. Egal, woran du glaubst und was du für möglich hältst, ich bitte dich, öffne dich dafür, dich zumindest probehalber vielleicht doch auf sie einzulassen.

Innere Reise

DAS TRAUMA ANSCHAUEN UND LIEBEVOLL LOSLASSEN

Erlaube dir, dich zu entspannen, es gibt nichts mehr für dich zu tun. Lasse alles in dir sein, wie es gerade ist, folge deinen inneren Bildern und Gefühlen. Vertraue dem, was du in dir wahrnimmst.
Stelle dir bitte ein Tor vor, das kann ein Steintor sein, vielleicht ein goldener Lichtbogen, ein natürlich gewachsenes Tor aus Bäumen oder etwas ganz anderes. Du gehst hindurch und befindest dich auf einmal in einer anderen Welt, einer Welt, in der die Dinge eine tiefere Bedeutung haben. Du befindest dich in einer Landschaft. Vor dir liegt ein Weg, und du entscheidest dich, ihn zu gehen. Rufe die Kräfte der Transformation und der Erde – und du spürst, wie sich tatsächlich etwas verändert, wenn du diese Kräfte rufst. Du gehst den Weg weiter und bemerkst auf einmal ein großes Feuer. Um dieses Feuer herum sitzen sehr viele Wesenheiten, vielleicht welche, die du kennst, vielleicht auch andere, Schutzengel, Krafttiere, Lichtkräfte oder auch dunkle Energien. Schaue einfach hin, und lasse es sein, wie es ist. Ein Platz ist noch frei.
Eine sehr große, machtvolle Wesenheit tritt auf dich zu und sagt dir: »Dies ist deine Ahnenreihe, und ich bin der Hüter eures Schicksals. Hier findest du auch Inkarnationen deiner selbst, wenn du noch etwas für sie trägst.«
Das große, machtvolle Wesen führt dich an den freien Platz, und du setzt dich ans Feuer. All die Wesenheiten, deine Ahnen, die Hüter deiner Ahnen, alle, die um das Feuer herumsitzen, verneigen sich vor dir. Die Stimmung ist sehr feierlich, sehr machtvoll. Das große Wesen, das dich willkommen geheißen hat, sagt dir: »Seit Anbeginn der

Zeit trägt deine Linie eine besondere Aufgabe. Ihr habt die wirkenden Kräfte erforscht und euch dabei verletzt. Ihr habt all die Erfahrungen gemacht, zu denen ihr euch bereit erklärt habt, und es wird Zeit, die Verletzungen und das entstandene Trauma nun loszulassen. Es wird Zeit, diese Kraft nun in erlöster Form, ganz neu und doch so vertraut, auf die Erde zu bringen.«

Du spürst in dich hinein, lässt dir Zeit, um zu erkennen, wo sich in deinem Körper diese ganz besondere Verletzung aufhält, und auf einmal erkennst du, es stimmt. Du trägst ein Trauma, du spürst, wo es sich befindet und welche Auswirkungen es auf dein Leben hat.

Nun öffne bitte deine Hände, und stelle dir deine Kinder vor, vielleicht sogar deine Enkelkinder. Wenn du keine hast, so gibt es vielleicht Nichten und Neffen, die zur Ahnenreihe gehören, die du mit erlösen möchtest. Halte deine Hände geöffnet, und bitte die Kinder, dir jetzt alles zurückzugeben, was sie bereits für diese Ahnenreihe tragen. In Form von Energie, von Symbolen, vielleicht einfach von Schwere – nimm es an, lasse dir alles zurückgeben, was du, ohne es jemals zu wollen, bereits weitergegeben hast. Du konntest das nicht vermeiden, du darfst es aber jetzt beenden.

Irgendwann spürst du, deine Kinder oder Enkel, deine Nichten und Neffen haben dir alles zurückgegeben, was heute erlöst werden darf.

Jetzt lasse bitte alles, was du selbst trägst, in deine Hände fließen, vielleicht in Form eines Symbols, vielleicht als einen Schatten oder als einen Energieball, vielleicht als einen Stein. Du trägst jetzt die Last deiner Kinder und deine eigene in den Händen – die Last des Traumas, die deine gesamte Ahnenreihe trägt. Ob du dabei das Thema erkennst oder nicht, ist nicht so wichtig. Drehe dich nun zu deiner Mutter oder zu deinem Vater, je nachdem, wer da ist, und gib ihm oder ihr die Last zurück. Sag ihm oder ihr: »Ich habe das für die ganze Ahnenreihe getragen, und auch du trägst das für uns alle. Ich gebe es dir zurück, aber nur, damit du dein Trauma, das, was du trägst, mit hineinfließen lassen kannst. Füge deine Last hinzu, und gib sie dann im Ahnenkreis weiter nach hinten.«

Und jetzt schaue bitte, was passiert. Deine Mutter oder dein Vater, vielleicht ihre Schutzengel oder Hüter ihres Schicksals ziehen jetzt alle Energie, die sie für die Ahnen tragen, aus sich heraus, fügen es dem, was du ihnen gegeben hast, hinzu und geben es weiter nach hinten an die Großeltern. Nun wird die Last im Kreis ums Feuer herum weitergegeben, und jeder Ahn fügt das hinzu, was er trägt. Besonders die alten Verträge, Phiolen mit Gift, Waffen, alles, was es deine Ahnenreihe gekostet hat, dieses Schicksal zu tragen, kann jetzt losgelassen werden. Die Verträge werfen deine Ahnen gleich ins Feuer. Auch du wirfst deine Verträge ins Feuer – die Heiratsversprechen, der Pakt mit dem Teufel, die Keuschheits- und Armutsgelübde, die Bindung an Kirchen, die Verträge mit Königen, die Sklaven- und Versklavungsverträge, magische Bindungen, seien sie weiß oder schwarz, und vor allem die seelischen Verträge. Auch all die Urteile, die je über dich gefällt wurden, sei es durch andere oder durch dich selbst, wirfst du ins Feuer. Verbrenne insbesondere die Todesurteile. Alle Urteile, die du je über andere gefällt hast, wirfst du bitte auch weg.

Jede Verabredung, die du auf seelischer Ebene getroffen hast, darfst du nun ins Feuer werfen, wenn sie nicht mehr stimmig sind, all die magischen Verstrickungen, durch wen auch immer sie erschaffen wurden, darfst du wie Fesseln und schwarze Bänder aus dir herausziehen und ins Feuer werfen. Deine Ahnen tun das Gleiche, und du spürst, wie die Energie sich ändert, wie Licht bereits jetzt seinen Weg zurückfindet. Weiter und weiter geben deine Ahnen die Last zurück, bis sie irgendwann am Ursprung, beim ältesten Ahn, angekommen ist. Und das geschieht jetzt.

Der Hüter der Ahnenreihe, das Wesen, das aus dem Feuer entstanden ist und dir den Platz zugewiesen hat, nimmt nun diese sehr schwere Kugel und hält sie vor sein Herz. Das Trauma löst sich auf, strömt in sein Herz hinein. Es ist, als verschmölze der Hüter der Ahnenreihe mit dieser Verletzung. Das Herz leuchtet auf, und auf einmal strömt aus dieser Wesenheit ein Licht. Das Licht bildet eine Lichtkugel, es ist das Licht der Erkenntnis, des Bewusstseins. Der Hüter der Ahnenreihe reicht dir diese sehr helle Lichtkugel, und du nimmst sie in dein Herz auf. Möglicherweise verändert sich ganz plötzlich deine Sicht der Dinge, doch vermutlich wird diese Veränderung einige Zeit in Anspruch nehmen. Beides ist richtig und gut. Die Ahnen erheben sich, verneigen sich vor dir. Durch dein Verstehen, durch deine veränderte Sicht der Dinge strömt Erkenntnis in all deine Ahnen, ganz wie von selbst.

Die Ahnen kehren heim ins Licht, steigen auf, sind auf einmal verschwunden, an einem guten Ort, das weißt du genau. Du bleibst noch am Feuer sitzen, spürst nach, ruhst dich aus. Der Hüter des Feuers und deiner Ahnenreihe verschmilzt wieder mit dem Feuer und wärmt dich. Frieden entsteht in dir, Frieden und Erkenntnis.

Auch du selbst wirst erfüllt, deine Kinder, deine Enkel, Geschwister, Nichten und Neffen. All das gebundene Leben wird frei. Deine eigenen Inkarnationen werden frei und lichtvoll, und Karma löst sich. Seelenaspekte, die wegen des schweren Schicksals verloren gegangen und abgespalten worden sind, können jetzt zurückkehren, in deine Ahnen einfließen, aber auch in dich selbst, in deine vergangenen Inkarnationen und in dich, wie du heute am Feuer sitzt. Du spürst auf einmal Frieden, Frieden mit dem, was ist.

»Du bist jetzt frei, ein neues Leben zu führen, du bist jetzt frei, in Erfüllung, in Glück, in Freude zu leben«, scheinen dir deine Ahnen zuzuwispern. »Wir danken dir aus tiefster Seele, dass du dich selbst und uns alle erlöst hast.«

Du bist tief bewegt und dankbar, dass du diesen Dienst dir selbst und deinen Ahnen erweisen durftest. Es kann sein, dass du noch ein paar Mal ans Feuer zurückkehren darfst, vielleicht gibt es verschiedene Aspekte, die nach und nach erlöst werden wollen.

Irgendwann stehst du auf, verlässt das Feuer. Du bemerkst ein zweites Tor. Du weißt, wenn du durch dieses Tor hindurchgehst, betrittst du ein anderes Leben, ein Leben, in dem Liebe, Erfüllung, Freude und Glück auf eine ganz andere Weise möglich sind, als du das bisher erlebtest und kanntest.

Gehe nun durch das Tor, bleibe im Torbogen stehen, und erlaube, dass dieses Tor wie ein Magnet alles aus dir herauszieht, was nicht mehr zu dir gehört oder nicht mehr durch dich gelebt werden will oder gelebt werden muss.

Hinter dem Tor wartet ein lichtvolles Wesen auf dich, so strahlend, wie du es dir nur vorstellen kannst. »Ich bin dein unverletztes Selbst«, sagt dir dieses Lichtwesen. »Ich bin, was du wärst, wärst du nicht verletzt. Ich bin, was der große Geist träumte, als er dich schuf, ich bin du, aber ganz, vollständig, unverletzt.« Jetzt strömt dieses Lichtwesen in dich ein und erfüllt alle deine Zellen, deine Knochen, deine Organe, einfach alles.

Wenn es Seelenanteile in dir gibt, die nach Hause ins Licht strömen wollen, dann geschieht das jetzt, ganz einfach, ganz unspektakulär. Es ist einfach nur ein Energieaustausch, Aspekte deiner Seele gehen heim, andere kommen dafür auf die Erde. Lasse alles in dir wirken, und sei sicher, du wirst dich anders fühlen, neu, frischer und mehr wie du selbst.

Du bist in einer Phase, in der du sehr viel Energie brauchst. All deine Aufmerksamkeit und Konzentration ist auf das Neue ausgerichtet, denn du agierst weitab deiner Komfortzone. Ängste zu haben ist vollkommen normal, auch das Gefühl, überfordert zu sein und all das nicht zu schaffen, zu versagen, nicht gut genug zu sein und was dir sonst noch einfällt, gehört dazu. Das kostet enorme Kraft. Und das spüren deine engen Vertrauten, deine Kinder, dein Partner, deine

Tiere, deine Freunde. Sie werden unsicher, weil sie dich nicht mehr spüren. Auch das gehört zu diesem Prozess dazu. »Was ist mit uns, magst du uns überhaupt noch, und hast du eigentlich auch einmal wieder Zeit für uns?«, quengeln sie. Das sind die Inneren Kinder, die den Kontakt zu dir nicht mehr spüren. Es kann sein, dass dich dieses Gequengel sehr nervt und deine Co-Abhängigkeit aktiviert. Du fühlst dich missverstanden, hast das Gefühl, dich rechtfertigen zu müssen, weil du so sehr mit dir selbst beschäftigt bist.
Dieses Online-Gespräch habe ich gerade eben mit einer meiner besten Freundinnen geführt, es ist sehr typisch. Sie baut ein neues Geschäft auf, was sie extrem fordert, sie ist Sternenkinderbestatterin. Gerade geht es los, sie hält Vorträge in Unikliniken, und es läuft für sie richtig an. Das hat sie sich lange gewünscht, und jetzt ist es so weit. Sie schlüpft.

Susanne: »Lass uns doch bald mal einen halben Tag mit dem Motorrad Kaffee trinken fahren. Ich hab auch keine Zeit. Trotzdem. Oder deshalb erst recht!«

Dann kam eine Zeit lang nichts von meiner Freundin.

Susanne: »Antworten Sie mir mal!!!!«

Sie: »Sorry, hab grad mit dem Friedhofsamt telefoniert.«

Ich: »Uiuiui, nicht entschuldigen, das ist nur meine Unsicherheit.«

Sie: »Deine Unsicherheit? Warum? Wegen was denn unsicher?«

Ich: »Ach Käse, wenn ich dich frage, ob wir mal wieder was zusammen machen, und du liest das, antwortest aber nicht, dann denke ich: Hä, will sie das überhaupt … Schwachsinn.«

Ich habe mich selbst über mich gewundert, so unsicher bin ich üblicherweise nicht. Ich habe auch viel zu tun und antworte nicht immer prompt. Und wir kennen uns lange genug.

Sie: »Warum sind eigentlich alle Menschen in meinem Umfeld gerade so verunsichert, was mich betrifft, und haben Angst, dass ich sie nicht mehr lieb habe?«

Ah, dachte ich, wie spannend! Das ist ein wichtiger Aspekt des Imago-Prozesses, an den hatte ich gar nicht gedacht. Perfekt, dieses Gespräch.

Ich: »Weil du gerade sehr wenig verfügbar bist, was daran liegt, dass du megabeschäftigt bist. Das kenn ich auch. Dann ist man energetisch nicht mehr spürbar, ist einfach so.«

Sie: »Na ja, aber das ist doch nix Neues, dass ich mal nicht präsent bin, das kennt ihr doch alle von mir, und es hat euch nie verunsichert. Warum denn jetzt auf einmal?«

Ich: »Du betrittst gerade ein neues Feld, und du bist energetisch gerade nicht spürbar, weil es so groß wird. Ganz normal. All deine Kraft strömt in das Neue, damit du das stemmen kannst.«

Sie: »Weil ich mit meinen Gedanken gerade bei meinen Begleitungen bin! Und das alles völlig alleine stemmen zu müssen, ist für mich gerade echt 'ne Riesennummer.«

Ich: »Ja eben, das ist ja kein Vorwurf, das ist einfach so. Da müssen meine Leute auch durch. Das ist eher eine Bitte. Eine kurze Versicherung, alles ist gut, und dann ist es gut. Das ist wie Ebbe, bevor die Flut kommt. Deine Energie zieht sich nach innen und nimmt

Anlauf, damit du das alles schaffst, ist dann aber privat nicht mehr spürbar. Das Feld flimmert. Und das muss und darf so sein! Daher kommt das aber.«

Sie: »Ich muss auch einfach meinen Kopf zusammennehmen, dass ich nix vergesse. Es ist gerade schwierig, die unterschiedlichen Termine zu koordinieren.«

Ich: »Das ist nicht einfach nur ›sehr beschäftigt‹, sondern tief in der Umwandlung in dir. Bin gerade an diesem Thema, spannend, danke für die Unterhaltung, das passt! :-)«

Sei bitte mitfühlend und freundlich – mit dir, aber auch mit denen, die dich lieben. Dieses Gequengel ist normal, und es ist auch ein wenig berechtigt. Denn du bist wirklich sehr wenig spürbar für andere, weil es gerade so groß und wichtig ist, was du tust. Da schlüpft ein völlig neuer Aspekt von dir, du bist Gebärende/-r und Neugeborenes zugleich. Während einer Geburt und in den Tagen danach hat man keine Zeit, Beziehungen zu pflegen. Von einer Mutter erwartet das auch keiner. Weil das aber die anderen nicht wissen, sondern nur spüren, dass sie dich eben nicht spüren, werden sie unsicher. Fordern darf dich allerdings keiner, außer deine (kleinen) Kinder.

Sage deinen erwachsenen Freunden und Verwandten, dass du im Moment all deine Energie für dich brauchst, dass du sie liebst und dass du, wenn du diese Hürde genommen hast, wieder verfügbar sein wirst. Das werden sie verstehen, und wenn nicht, dann musst du dich im Moment ein wenig distanzieren. Dein Imago-Prozess ist wichtiger. Es ist verständlich, dass du dich unter Druck gesetzt fühlst, doch bitte verstehe, dass sich deine Beziehungsenergien im Moment tatsächlich etwas dünn anfühlen. Besonders, wenn du normalerweise sehr präsent und verfügbar bist, kann es schwierig für dein Umfeld sein, auf dich zu verzichten, dich ein wenig loszulassen. Doch all das darf und muss so sein. Mute es ihnen freundlich und mitfühlend zu, und sei dir dessen bitte bewusst. Wenn dich das über Gebühr stresst und du Schuldgefühle bekommst, dann befasse dich bitte mit dem Thema »Co-Abhängigkeit«. Und erweitere deine Emotionalverträge. Dieser Passus gehört unbedingt mit hinein: »Wenn ich mit mir selbst beschäftigt bin, meine eigene Evolution durchlebe, dann brauche ich ungestörten Raum für mich. Bitte gebt ihn mir und nötigt mich nicht, ihn mir für alle Beteiligten schmerzhaft und gewaltsam selbst zu nehmen!«

Du kommst nicht darum herum, zu beginnen, einfach zu machen und beim Tun zu lernen. Es gibt keine Garantien, dass alles klappt, dass du nicht verletzt wirst, dich überforderst, Freunde verlierst, beneidet wirst usw. Aber was ist die Alternative? Im Kokon zu sterben. Ich wollte dir mit diesem Buch einen Leitfaden an die Hand geben, der dir hilft, die Freiheit zu erlangen, bewusst zu wählen. Lasse dich selbst fliegen, oder bleibe im Kokon, beides ist vollkommen in Ordnung. Aber wähle.

Noch einmal die Hilfen im Überblick:

- Wenn dir das Leben die Hand reicht, dann bist du so weit. Schenkt es dir diese plötzlich auftretenden Synchronizitäten, spürst du, die Zeit ist reif, es soll irgendwie sein, dann nimm deinen ganzen Mut zusammen, und schlüpfe.
- Du hast Kräfte entwickelt, die du noch nicht kennst, und sie wollen nun zur Entfaltung kommen. Glaube das, und baue darauf, dass es so ist.
- Rufe gute Kräfte, und bitte sie um Hilfe.
- Schaue dir an, ob es Traumen gibt, die dich daran hindern, diesen entscheidenden Schritt nach außen zu gehen.
- Sei freundlich und mitfühlend zu denen, die dich vermissen, weil du so sehr mit dir und deinem Prozess beschäftigt bist. Lasse dich aber nicht aufhalten, schon gar nicht unter Druck setzen.
- Mache dir bewusst, dass du die Dinge durch das Tun lernst, dass du unsicher sein darfst und dass auch der Schmetterling nach dem Schlüpfen erst einmal eine Weile sehr verletzlich ist.

Nachwort

Dieses Buch zu schreiben erforderte auch in mir einen eigenen Imago-Prozess. Ich musste mir sehr viel Raum nehmen und mich gegen viele Anforderungen von außen abgrenzen. Ich habe mich sogar zum ersten Mal beim Schreiben eine Woche lang in Klausur begeben, weil ich selbst diesen Kokon brauchte. Es ist mir ein riesiges Anliegen, dir zu sagen: Vergiss alles, was dich lähmt. Vergiss die Vorstellungen, die du von dir selbst hast, sowieso die, die andere von dir haben. Du hast dieses Leben geschenkt bekommen. Es will dich immer wieder neu gebären, dir immer neue Möglichkeiten geben, noch lebendiger, noch mutiger, noch kraftvoller, freier und glücklicher zu sein – auf deine Weise. Für jeden bedeutet das etwas anderes. Lasse dir nicht einreden, was es bedeutet, glücklich zu sein und Erfolg zu haben. Alles, was dich tief erfüllt, ist für dich richtig. Alles, was dich nicht erfüllt, eben nicht. So einfach ist das. Ich hoffe von Herzen, dir gedient und deine Einsamkeit im Kokon ein wenig gelindert zu haben. Ich sage es noch einmal, weil ich diesen Text so unendlich liebe:

Und es kam der Tag,
da das Risiko, in der Knospe zu verharren,
schmerzhafter wurde
als das Risiko, zu blühen.
(Anaïs Nin)

Wenn dieser Tag kommt, setze alles daran, wirklich alles, zu blühen.

In Liebe und Verbundenheit, Friede deinem Weg
Susanne Hühn

Über die Autorin

Susanne Hühn ist ausgebildete Lebensberaterin und ganzheitliche Physiotherapeutin. Sie schreibt spirituelle Selbsthilfebücher und gibt Lebensberatung, Channelings sowie Meditationskurse für Erwachsene und Kinder. Seit 1986 begleitet sie Menschen auf ihrem Weg zur Gesundung. Mit dem Schreiben begann sie 1992. Zuerst schrieb sie spirituelle Romane, dann vermittelte sie ihr Wissen in Sachbüchern und auf CDs, die sie mittlerweile in großer Zahl veröffentlicht hat.
2017 bietet sie bereits zum dritten Mal für alle Interessierten eine Imago-Jahresgruppe an.

www.susannehuehn.de

Bildnachweis

www.shutterstock.com:

S. 1–192: pinke und grüne Punkte-Cluster: 344317454 (© Zaksheuskaya), Hintergrund von Punkte-Clustern: 158333918 (© Max Krasnov), Lotos aus Punkten: 423195415 (© milagrosvita), zwei Schmetterlinge: 428982667 (© suns07butterfly); S. 33, 79, 81, 122: grüner Hintergrund von Zeichnungen: 388098658 (© Kiarnight); S. 6/7: 386367766 (© zff oto); S. 13: 138208772 (© macrowildlife); S. 14/15: 310686446 (© Anton Watman); S. 17: 207651598 (© KPG_Payless); S. 22/23: 465069995 (© CHOATphotographer); S. 30: 109819694 (© chuyuss); S. 40/41: 378999631 (© eldar nurkovic); S. 44: 291350231 (© Vera Anima); S. 49: 17578249 (© Andre van der Veen); S. 50/51: 250083385 (© Sander van der Werf); S. 57: 353326937 (© Eduard Valentinov); S. 62/63: 389548030 (© Marie Dirgova); S. 68: 367703579 (© optimarc); S. 74: 88245865 (© BestPhotoStudio); S. 85: 367674302 (© Vibrant Image Studio); S. 86/87: 318289856 (© Oleg_P); S. 92: 318574331 (© KieferPix); S. 101: 282273185 (© sondem); S. 110: 125629991 (© frees); S. 127: 143950513 (© MJTH); S. 128/129: 302173964 (© Th omas Zsebok); S. 131: 340696166 (© debasige); S. 138/139: 307587356 (© Sara Winter); S. 144: 397177582 (© Versta); S. 152: 336713051 (© CHOATphotographer); S. 156/157: 60833764 (© Subbotina Anna); S. 163: 217168291 (© MorganStudio); S. 165: 168365432 (© kubais); S. 169: 221010295 (© olakumalo); S. 173: 338283572 (© tcareob72); S. 184/185: 377732716 (© Dima Aslanian); S. 189: 251769337 (© ms. Octopus)

S. 74: Susanne Hühn mit ihrem Pferd © Jasmin Bojé, www.jasmin-boje.de

S. 33, 79, 81, 122: Zeichnungen © Julia Späth, www.juliaspaeth.de